聽狄更斯講耶穌

The Life of Our Lord

Charles Dickens
查爾斯・狄更斯——著
許書寧——繪
祁怡瑋——譯

作者簡介

查爾斯．狄更斯（Charles Dickens, 1812-1870）

英國十九世紀代表作家，素有「最偉大的寫實主義小說家」之美譽。一八一二年生於普茲茅斯，十歲時舉家遷至倫敦。不久後父親因債入獄，他為維持家計而中斷學業，陸續當過鞋店學徒與律師事務所繕寫員，之後再靠自學速記當上報社的採訪記者，幾乎全靠刻苦自修而成為作家。

早年困苦的生活讓他對底層階級有更多同情，作品一貫保有揭露和批判的筆鋒，貫徹懲惡揚善的人道主義精神，塑造出眾多令人難忘的人物角色。三十多年的創作生涯，共寫下十五部長篇小說、許多中短篇小說，以及隨筆、時事評論、戲劇與詩歌，並自辦雜誌。代表作有《孤雛淚》、《聖誕頌歌》、《塊肉餘生錄》、《雙城記》等。

一八七〇年因腦溢血去世，葬於西敏寺。直至今日，他的作品始終深受世界各地廣大讀者喜愛，對英國與世界文學有極為深遠的影響。

繪者簡介

許書寧

愛畫畫、愛作夢的北港孩子，基督徒。先後畢業於輔仁大學大傳系廣告組、大阪總合設計專門學校繪本科。作品曾獲關西美術文化展「讀賣電視獎」、STAEDTLER舉辦「筆繪CD-R設計比賽」入選、青林文化「安徒生童話插畫創作獎」入選、二〇〇五及二〇〇六年度台灣兒童文學精華集、第六屆貓頭鷹圖書館愛家手繪書比賽貳獎等獎項。目前定居於大阪，從事文圖創作、設計與翻譯工作。

譯者簡介

祁怡瑋

英國格拉斯哥大學創意寫作碩士，曾任職於學校、出版社，現從事中英文筆譯工作。譯有《寬恕：為自己及世界療傷止痛的四段歷程》、《29個禮物》、《愛情的吸引力法則》、《你的心是否也住著一隻黑狗？牠名叫憂鬱》等書。

Content

Content

專文推薦

在聖誕節給孩子說故事吧！

唐立娟

收到編輯的邀稿信件時，我正忙著手邊另一件事，心想先回覆對方說信已經收到了，便順手打開了書稿。打開附件的文稿，看到題目「聽狄更斯講耶穌」，心中第一個感覺是：「哇！狄更斯耶！」然後完全忘記手上的工作，很想看看狄更斯是怎麼講述耶穌的，加上那黑白色調的插圖深深吸引了我，就這樣開始看了起來！

看了作者簡介和出版緣起之後，吸引我的不再是狄更斯了，而是一位父親為孩子所做的——這是狄更斯寫的聖經故事，是他為自己的孩子寫的聖經故事，而且每一年的聖誕節，他都會為自己的孩子朗讀他自己的聖經故事！我再次完全忘記手上工作的壓力，瞬間直接「聽」故事去了——直到最後一頁。

果然是一個「爸爸」講故事給自己的孩子聽，我特別喜歡他在講故事的當中，穿插著對孩子說的話，例如：「等你們長大之後，永遠也不要忘記這一點。我親愛的孩子們……」、「從這件事情，我們可以學到……」、「當我們以為自己很慷慨的時候，務必謹記……」

一個爸爸在說故事的同時，也和自己的孩子分享了他從耶穌身上學到的道理。不愧是大文豪和小說家，說起大家都知道的耶穌故事，還是那麼引人入勝，令人不禁想一直聽下去、看下去！特別是那種娓娓道來的語氣，更拉近與讀者之間的距離，例如：「從很久很久以前，差不多是兩千年前……」、「有一次，在某個星期天……」、「他告訴他的門徒這個故事……他又告訴他們另一個故事……」

這本書，讓我們見識了大文豪說故事的功力，更吸引人的是可以一窺英國史上最偉大的小說家如何為自己的孩子書寫並朗讀故事；看完了書稿，心想等書出版後，在即將到來的聖誕節，我要送這本書給一些想給孩子說故事，尤其是覺得自己不會說故事的爸爸媽媽朋友們，因為狄更斯已經寫了耶穌的故事，我們就直接朗讀這故事吧！

謝謝啟示出版給我這個機會，讓我可以先睹為快。這本書真的好看，可以成為如何說故事的範本和輔助。誠心推薦給想給孩子說故事的爸爸媽媽們！

（本文作者為資深主日學老師、主日學師資培訓講師）

專文推薦

介於想像與現實之間：閱讀狄更斯的基督精神

陳超明

一部敘述作品的意義，來自於兩個世界間的運作：作者所建構的小說世界與讀者真實理解的世界。

——《敘述本質》（*The Nature of Narrative*）

在這本討論小說本質的經典作品《敘述本質》一書中，兩位批評家Robert Scholes與Robert Kellogg認為，閱讀故事或小說，我們常常會問「這個故事到底在說什麼？」而企圖「了解」故事的意義，其實都是在尋找「故事世界」與「現實世界」間的和諧關係，也就是作為讀者，我們不斷在虛幻、想像的世界中，探索可以面對繁瑣現實生活的養分與生命動機。這種從故事中獲得能量、發掘意義，可說是讀小說或故事最令人沉迷的地方。

十九世紀英國小說家狄更斯，無疑是提供這個想像世界與現實生活溝通的最佳媒介。這本《聽狄更斯講耶穌》也不例外，將讀者帶回耶穌降臨的時代，尋找當代（狄更斯的十九世紀或者我們的二十一世紀）可以體會、可以融入的生活與思考型態。

從耶穌出生開始，經歷奇蹟之旅，我們與狄更斯一起遊歷在那個神奇國度與紛擾的當代社會之間，體會耶穌帶給我們的思考與不凡想法。在流動的文字與情節中，作者更以父親角色，夾雜那種理智與感情並存的親切話語：「等你們長大之後，永遠也不要忘記這一點。我親愛的孩子們，永遠不要傲慢或刻薄地對待任何窮人。」這樣的文字與口氣，有如耳邊輕語。

將耶穌基督的精神帶到維多利亞時期英國社會，把聖經中的世界具象化，建構基督與當代社會對話的空間，絕對是狄更斯講述這些耶穌基督故事的初衷。在狄更斯小說世界中，耶穌意象永遠是一種正面能量，代表人與人之間的愛與關懷。然而，狄更斯不是傳教士，也不是布道家，對他來說，耶穌基督所涵蓋的博愛，是打擊當時功利主義橫行、道德淪喪的一帖良方。我們不用高談改革，我們不用指責政府，只要從善待窮人做起，從周遭的一切善行開始，有如耶穌基督般，這個社會就會「變好」。

這些耶穌基督的故事，從狄更斯的口中講來，都充滿神蹟與現實的對話，也都賦予聖經故事新的生命，它們不再只是宗教，而是當代社會待人的智慧：「饒恕別人的過錯，你做得到嗎？」當耶穌基督知道別人將出責他，「他在神面前留下了眼淚，內心萬般煎熬」。他不是沒有能力懲戒那些人，而是憐憫那些不知愛、不懂寬容的世俗之輩。

儘管是耳熟能詳的故事，但是一個好的說書人，從情境塑造到角色勾畫，都令這些封存在宗教經典中的故事活了過來。輕快的文字、栩栩如生的場景、細膩且帶有情感的筆調，都讓這些故事重新活在當代人心中。即使是二十一世紀的台灣讀者，面對這些聖經典故，也不得不跟著心靈觸動、淚水盈眶，跟著狄更斯沉醉在小說世界與現實世界的體認之間：長久以來，為何基督所散播的精神——和善、仁慈、寬恕——常常被人忽略、被人蹧蹋呢？

好的故事，絕對不是只有情節啟發人心、令人悸動，而是文字力量的魔力。狄更斯絕對是個文字高手，也是個說故事的大師。一段平淡無奇的敘事，在他口中，忽然從呆滯的文字中解放出來，成為精采無比的構圖。在述說「富翁與乞丐」的故事時，狄更斯彷彿化身耶穌，帶領我們看到窮人的苦難。這段文字是否隱藏著狄更斯對於十九世紀貧窮問題的感嘆？是否也勾起了當代對於貧富問題的感傷？

從聖經故事中找到力量、找到留給後代的心靈訊息，以生動文字書寫想像與神奇，這本《聽狄更斯講耶穌》不僅讓我們再度進入狄更斯的奇妙小說世界，更讓二十一世紀的讀者，跟著狄更斯一起傳續「寬容與善」的基督精神。

（本文作者為國內英美文學權威、實踐大學應外系講座教授）

專文推薦

讓孩子從「聽故事」中認識耶穌

葉榮福

看到狄更斯家族的傳家寶真是有相見恨晚的感覺，作為一個曾經給四個孩子講聖經故事的爸爸，如果我可以早一些拿到這本書，在給孩子講故事時就容易、輕鬆多了！

狄更斯以其特有的文學家涵養，以十一個章節，將耶穌的一生以「說故事般」的方式做了完整的敘述，讓孩子從「聽故事」中自然地認識耶穌。

雖然只是十一篇短文，但故事的脈絡十分清楚，不論是作為孩子的床前故事或是主日學教學，都十分恰當；藉由這些短文，作者很清楚地傳達了以下的訊息：「基督的精神是永遠都要行善，就算是別人對我們很壞也一樣。基督的精神是像愛自己一樣地去愛鄰人，並且要將己所欲的施於人。」

最令人欣賞的是，狄更斯不只是關心自己家孩子的信仰，他在一開始就明確地表示他所要講的耶穌故事，不是只給在教會裡孩子聽的故事，而是要給所有孩子聽的故事，因為「每個人都該認識他，世上從來沒有一個人像他那麼好、那麼善良、那麼仁慈，而且那麼憐憫所有犯了錯、生了病或受苦受難的人」。

狄更斯自己有過艱困的童年，所以在他的作品中總是滿懷悲天憫人的心腸，呼籲世人多關懷那些受壓迫者和窮困者，誠如他墓碑所寫的：「他是貧窮、受苦與被壓迫人民的同情者。」故事中處處充滿了他對窮困者的關懷，以及期望自己的孩子從小就能善待自己身邊的窮人：「我親愛的孩子們，永遠不要傲慢或刻薄地對待任何窮人……只要你們有能力，永遠都要試著教導他們、救助他們。當有人在說窮苦人的壞話時，你們要想耶穌基督是如何走入他們之中，教導他們，並認為他們值得他的關照……」

除了有明確的中心思想之外，在故事中作者也運用了幾項很值得我們在跟孩子講故事時可以學習的技巧：

1 說故事時要考慮到孩子的生活經驗與理解力

在第一章說到聖城耶路撒冷時，狄更斯立即加了個注解：「那個國家最大的地方是耶路撒冷——就像全英格蘭最大的地方是倫敦——而國王就住在耶路撒冷」，所以當我們對台灣的孩子講故事時，可就不要照著書唸，也可考慮改成「那個國家最大的地方是耶路撒冷——就像全台灣最大的地方是台北——而國王就住在台北」。

又如第六章提到雇工的比喻，主人給工人的工錢時，狄更斯更直接就說了是「一便士」，便士是英國使用的幣值，一便士是象徵很低的工錢，所以當我們在和台灣的孩子講到這裡時，可考慮改成「兩個十元銅板」。相同的情況也出現在第七章法利賽人質問耶穌是否該納稅給凱撒時，狄更斯描述耶穌說「你們何以這麼問呢？拿出一便士來給我瞧瞧」，同樣地，我們也可說「拿出一個十元銅版給我瞧瞧」。

2 說故事時要注意的是故事的重點而非細節

在第一章說到東方智者前來尋找耶穌聖嬰時，狄更斯只是很簡單地說到「他們很愛他，還給了他一些禮物」，完全沒有提到是哪些禮物；

在這兒可能會有些老師或家長忍不住要補充三位智者獻上了那三樣禮物：黃金、乳香和沒藥。是否一定要讓孩子知道是什麼禮物真的不是重點，重點是「他們很愛他」，禮物是為了表達愛。

在第三章提到有一位百夫長前來求耶穌治癒他的僕人，狄更斯寫的是「有一個百夫長也來找他，說：『主啊！我的僕人在我家裡，臥病不起。』」同樣地，可能也會有老師或家長要質疑，認為作者寫的和聖經內容不符，百夫長並非親自去找耶穌，而是託人前往。狄更斯在此想要強調的其實只有一點，那就是「百夫長是這麼真心地相信他」。

3 說故事時可適時地做補充，以幫助孩子更瞭解故事的內容

在第六和第七章提到耶穌說的比喻時，為幫助孩子更明白比喻的意涵，狄更斯作了以下的補充：「我們的救主是想藉此告訴他們，一輩子

都行善的人死後會上天堂，但本來因為身世不幸或在小時候沒有父母與朋友的照顧而變壞的人，無論多晚才悔改，只要真心懺悔並祈求神的原諒，都會得到寬恕，而且也都能上天堂。」、「我們的救主想說的是：那些做錯事、遺忘了神的人，永遠都會受到神的歡迎，也永遠都能蒙受祂的恩惠，只要他們對自己所犯的罪懷著懺悔地回到祂身邊。」

期盼這個充滿人道關懷的故事，能在更多的家庭、學校和課堂中被述說，引領更多的孩子學習「像愛自己一樣地去愛鄰人，且將己所欲的施於人」。

（本文作者為輔大全人教育中心兼任講師）

專文推薦

狄更斯的私房菜

魏外揚

在台灣電視只有三台可選的年代，每天晚上的八點檔連續劇是各台傾全力製作的指標性節目，也成為台灣民眾茶餘飯後的熱門話題。參與八點檔的導播、編劇、演員們，當然也成為媒體爭相報導的熱門人物。這種盛況，讓我們可以稍微體會到英國小說家狄更斯為十九世紀英國帶來的風潮。

狄更斯寫小說就像寫連續劇一樣，他那些家喻戶曉的長篇小說，都是以連載的方式定期在報章雜誌上發表，結果風靡到一個地步，連送報的工人們都在討論和預測劇情的發展。狄更斯生前熱愛舞台，寫作之餘，最熱衷的活動就是在舞台上朗誦自己的作品，其盛況如同今日藝人辦演唱會，即使需要購票入場，仍然座無虛席。狄更斯雖已離世多年，根據他的小說拍攝而成的舞台劇、電影、電視劇仍然不計其數，不斷推陳出新、綿延不絕，所以他的舞台永不落幕，他的影響永不止息。

狄更斯的社交活動頻繁，卻仍然喜歡花時間與自己的孩子們相處，十分看重子女們的教育。他為他們寫了一本《兒童的英國歷史》（*A Child's History of England*），也為他們根據聖經將耶穌生平寫成一本小書（即是本書），反覆朗誦給他們聽。

由於狄更斯常在小說中諷刺當時英國教會人士的腐敗、冷酷、偽善，很多人以為他是憤世嫉俗、反基督教的先鋒，其實他一生都對聖經與耶穌保持真誠的信仰與高度的敬意，這本小書就是最有力的證明。對狄更斯而言，教會的禮儀、神學的爭辯都不重要，只要相信耶穌是上帝的兒子、是救主、是好榜樣，人們認識祂、信靠祂，在日常生活中學習祂的憐憫、服事、饒恕，將來得以進入永恆的天國，這些才是基督宗教的核心精義。

以下引用這本書的開頭與結尾，由狄更斯自己來講述他寫這本小書的用意。開頭是這樣的：「親愛的孩子們，我很想很想讓你們知道有關耶穌基督的一點歷史，因為每個人都該認識他……如果不知道他是誰和他做了什麼，你們永遠也無法想像天堂是怎麼樣的一個好地方。」在結尾時，狄更斯叮嚀孩子們：「切記！基督的精神是永遠都要行善，就算是別人對我們很壞也一樣……基督的精神是像愛自己一樣地去愛鄰人……基督的精神是和善、仁慈、寬恕……」

除了這本小書外，狄更斯的基督信仰也融匯在他的所有作品中，難怪大文豪托爾斯泰與杜斯妥也夫斯基都稱狄更斯為偉大的基督徒作家。在《信心的飛躍：70位基督勇士列傳》（Gene Fedele著，天恩出版社）這本書中，作者將狄更斯視為教會歷史信心英雄之一，認為他與米爾頓、本仁約翰等人一樣，都是屬於敬畏神的作家。

這位作者還引用了狄更斯生前寫的最後一封信，來為狄更斯的信仰作見證：「在我的寫作中，我一直努力表達我對救主的一生及其教導的尊敬，因為我對這些都有很深的感受。」英國作家喬治．歐威爾則說：「狄更斯總是在講道，這是他創作的終極祕密。當一個人有所關心，他怎能不為之創作呢？」更是一語道破狄更斯的信仰與創作的關係。

狄更斯的大量著作在生前就極為暢銷，唯獨這本寫給自己子女的小書，直到他死後六十多年才出版問世。如果狄更斯是一位大廚師，這本小書應該就是他的一道私房菜。喜愛美食的人都知道，私房菜往往是大廚師最拿手、最可口的一道菜。現在，狄更斯的私房菜已經端到您的面前，還猶豫什麼，趕快坐下來享用吧！

（本文作者為華人基督教史研究專家、中原大學退休講師）

楔子

一八四九年，查爾斯・狄更斯為他最親密的讀者——他自己的孩子——寫下了這份手稿。這是根據《聖經》福音書的記載，以第一人稱的敘事方式寫成的耶穌生平故事。

在這份手稿中，狄更斯將他高超的寫作手法暫時放在一旁，純粹從一位父親的角度，以親切的語調、質樸的文字，向孩子娓娓述說一個個引人入勝的福音故事，字裡行間充滿了父親對兒女諄諄善誘的關愛與期盼，希望他們永遠行善、愛人如己，並永遠懷有仁慈與寬恕之心。

每一年的聖誕節，狄更斯都會為孩子們朗讀這份手稿，在他去世後，這個傳統依然在狄更斯家族持續著。許多出版商希望這份手稿能夠面世，但狄更斯在寫作時並沒有考慮要出版，他曾表示，自己只是想把一位父親的思想，以他認為最適合他孩子的形式永恆地記錄下來，留給狄更斯一家。

因此，狄更斯在世時便要求他的家人，在他的孩子全部離世之前，都不能公開這份手稿。於是，在長達八十多年的日子裡，這份手稿一直被狄更斯的家人視為珍貴的傳家之寶，只在家族裡秘密地流傳著，成為眾多出版商與讀者可望而不可即的夢幻之作。

直到一九三三年的聖誕節前夕，當時唯一在世的狄更斯之子菲爾丁·狄更斯爵士（Sir Henry Fielding Dickens）在遺囑中寫道，只要狄更斯家族成員完全同意，這份手稿就可以出版。在菲爾丁爵士的遺孀與孩

狄更斯在聖誕節給孩子們講耶穌的故事。

子們，以及絕大多數家族成員的贊成下，出版之事終於達成了共識。

在手稿完成將近一百年之後，一九三四年三月，這份手稿最初以連載的形式發表出來，之後由美國最大出版商Simon & Schuster以天價簽下出版發行權利，一上市即引起全球轟動，成為該年的年度最佳暢銷書。至今全球依然陸續出版不輟。

Chapter 1

· 耶穌的誕生

· 牧羊人的祝福

· 東方三智者來到

· 逃往埃及

· 無辜嬰孩大屠殺

親愛的孩子們，我很想很想讓你們知道有關耶穌基督的一點歷史，因為每個人都該認識他。世上從來沒有一個人像他那麼好、那麼善良、那麼仁慈，而且那麼憐憫所有犯了錯、生了病或受苦受難的人。

如今他已身在天堂，我們都希望死後能去那裡相聚，永遠幸福快樂地在一起。如果不知道他是誰和他做了什麼，你們永遠也無法想像天堂是怎麼樣的一個好地方。

很久很久以前，差不多是兩千年前，他在一個叫做伯利恆（白冷）★的地方出生。他的爸爸媽媽本來住在一個叫做拿撒勒（納匝肋）的城市，不過他們為了辦事，被迫跋涉到伯利恆。他爸爸名叫約瑟（若

★編注：本書中的聖經章名、人名、地名等名詞，在首次出現時，皆採用基督教、天主教之通用譯名對照的方式，以便教友閱讀。

瑟），他媽媽名叫馬利亞（瑪利亞）。

那座城市滿是前來辦事的人，旅館或任何一棟房子裡都沒有房間給約瑟和馬利亞住，於是他們來到一間馬廄落腳，耶穌基督就在這間馬廄出生。那裡沒有搖籃或諸如此類的東西，馬利亞便把她可愛的小男嬰放在馬槽裡，馬槽是用來放馬吃的東西的地方。他就在那裡睡著了。

他睡覺的時候，一些在野地裡看顧羊群的牧羊人看到一位上帝派來的天使。輕飄飄的美麗天使穿過草地朝他們過來。

一開始，他們怕得跌倒在地，還把臉藏了起來。但天使說：「今天有個孩子在這附近的伯利恆城裡出生，他長大會是一個很好的人，上帝會把他當親生兒子來愛；他會教導人們彼此相愛，不要爭吵，也不要互相傷害。他的名字會是耶穌基督，人們會把那個名字放進祈禱裡，因為他們會知道這是上帝所樂見的，他們也應該樂於這麼做。」

接著，天使叫牧羊人去馬廄，看看馬槽裡的那個孩子。他們去了。他們跪在熟睡的寶寶身旁，說：「願神保佑這個孩子！」

話說，那個國家最大的地方是耶路撒冷——就像全英格蘭最大的地方是倫敦一樣——而國王就住在耶路撒冷，他的名字是希律王（黑落德王）。

一天，從東方一個遙遠的國家來了幾位智者，他們對國王說：「我們看到天空裡的一顆星星，它告訴我們有個孩子在伯利恆出生，這孩子長大後會是一個萬眾愛戴的人。」

牧羊人看見前來報告
喜訊的天使，全都嚇
得跌倒在地。

希律王聽到這裡很是嫉妒，因為他是一個邪惡的人。但他假裝沒事，並對這群智者說：「這孩子人在哪裡？」智者說：「我們不知道，但是星星會為我們帶路；因為星星一直走在前頭，一路把我們領到這裡來，現在它一動也不動地停在這裡的上空。」

希律王請他們看看星星會不會帶他們去那孩子住的地方，並命令他們如果找到那孩子，要回來向他報告。於是他們出去了，而星星繼續前進，就保持在他們頭頂上前面一點點的地方，直到停在孩子住的房子上方。這真是太美好了，而這一切都在上帝的安排之下。

星星停住的時候，這群智者走了進去，看到孩子和他媽媽馬利亞在一起。他們很愛他，還給了他一些禮物。接著他們離開了，不過他們沒有回去找希律王，因為他們認為希律王很嫉妒，儘管他嘴巴上沒說。所

來自東方的智者們會見希律王。

约瑟聽到天使的警告，帶著馬利亞與嬰孩連夜逃往埃及。

以他們就這麼走了，連夜回到自己的國家。

之後一位天使來了，天使告訴約瑟和馬利亞要把孩子帶到一個叫做埃及的國家，否則希律王會殺了他。於是他們也連夜逃走了——父親、母親和孩子——並且安全地抵達了那裡。

然而，當殘暴的希律王發現那些智者沒有回來找他，害他無從得知這個孩子——耶穌基督——的下落，他就召來士兵和軍官，叫他們去殺光他領土上所有不滿兩歲的孩子。那些壞人聽命照做了。做母親的抱著孩子滿街跑，努力挽救孩子的性命，還把他們藏在山洞和地窖裡，但一切都沒有用。士兵拿劍殺光了所有他們能找到的孩子。這起駭人聽聞的事件就叫做「無辜嬰孩大屠殺」（Murder of the Innocents），因為這些孩子是那麼無辜。

希律王希望耶穌基督是他們其中之一，但他不是。你們也知道，他已經安全逃到埃及了。而且他和爸爸媽媽生活在那裡，直到壞蛋希律王駕崩為止。

Chapter 2

· 回到拿撒勒

· 聖殿裡的耶穌

· 約旦河畔的洗禮

· 前往曠野

· 把水變成酒

希律王死後，又有一位天使來找約瑟，說他現在可以去耶路撒冷了，不用怕孩子會出事。於是，約瑟和馬利亞帶著他們的兒子耶穌基督（一般都稱他們為「聖家」〔The Holy Family〕）朝耶路撒冷前進。

但是在途中，他們聽說希律王的兒子成了新的國王，怕他也可能會傷害他們的孩子，於是改變路線，去了拿撒勒。他們生活在那裡，直到耶穌基督十二歲。

接著，約瑟和馬利亞去耶路撒冷參加宗教祭典。在那個年代，耶路撒冷的聖殿會舉行那樣的祭典。那裡是一個很大的教堂或信仰中心，他們帶著耶穌基督一起去。祭典結束之後，他們離開耶路撒冷，和很多朋友、鄰居一起回頭朝拿撒勒的家走去。那時候的人都會很多人一起同行，因為怕碰到強盜；路上不像現在那麼安全，也沒有很好的防守，旅

十二歲的耶穌在聖殿裡講道。

行也比現在困難很多。

他們走著走著，走了一整天，始終沒有發現耶穌基督沒和他們在一起；因為同行的人太多了，他們以為他在人群中的某處，儘管他們沒看見他。但發現他不在之後，他們很怕他走丟了，於是萬分焦急地跑回耶路撒冷去找他。

找到他時，他坐在聖殿裡，和幾位叫做「大夫」★的博學之士談論神的美好，並說我們都應該為祂奉獻。這些大夫不是我們現在所說的大夫，他們不醫治生病的人，而是很有頭腦的學者。耶穌基督在言談之間展露許多知識，他提出的問題把他們問得啞口無言。

★編注：原文為Doctor，多譯為「聖師」或「教會博士」，此處為連結前後文意，譯為大夫。

約瑟和馬利亞找到他之後，他跟他們一起離開，回到拿撒勒的家，在那裡住到他三十或三十五歲。

當時，有個真的很好的人，名叫約翰（若翰），他是一個名叫以利沙伯（依撒伯爾）的女人的兒子，而以利沙伯是馬利亞的表親。

即使世人很邪惡、很暴力，也不對神盡他們的責任，約翰仍然（為了教導世人）遊走各地講道，懇求他們成為更好的人。又因為他比愛自己還更愛世人，而且在為世人付出時並不在乎自己過得怎麼樣，所以他只穿粗陋的駱駝皮，幾乎什麼也不吃，只吃他在旅途中發現的一些叫做蝗蟲的昆蟲，以及蜜蜂殘留在樹洞裡的野生蜂蜜。

你們從沒看過蝗蟲，因為蝗蟲在那個靠近耶路撒冷的國家裡才有，而那裡離這裡很遠。駱駝也是，但我想你們看過駱駝了？無論如何，牠們有時會被帶到這裡；如果你們沒看過，我會讓你們看一看。

那個地方有一條河，叫做約旦河，離耶路撒冷不遠。約翰會在這條河的河水中，為那些願意來找他、並向他承諾要當好人的人施洗。很多人成群結隊地來找他。耶穌基督也去了。但當約翰看到他時，約翰說：「怎麼會是我幫你施洗呢？你比我好太多了啊！」耶穌基督答道：「現在暫且這樣吧。」

於是，約翰為他施洗了。耶穌基督一受洗完，頂上頓時雲破天開，一隻像鴿子似的美麗鳥兒飛了下來，神的聲音也從天堂傳了下來，祂說：「這是我心愛的兒子，他讓我很欣喜！」

约翰在约旦河畔為耶稣施洗。

接著，耶穌基督來到一塊景色秀麗的野地，這地方就叫做「曠野」（Wilderness）。他在那裡待了四十個晝夜，祈求自己能為普天之下的男男女女所用，並教導眾人向善，如此一來，人們在死後才有可能幸福快樂地活在天堂。

離開曠野之後，他開始藉由把手按在人們身上來治病。因為神給了他治病的力量，他能讓盲人恢復視力，還能做許多美妙而神聖的事情。這些事情被稱之為「神蹟」（The Miracles），我很快就會告訴你們耶穌基督有哪些神蹟。希望你們能記得「神蹟」這個字眼，因為我還會再用到，而且我希望你們明白，它指的是沒有神的准許與協助便不能成就的美事。

耶穌基督的第一個神蹟，發生在一個叫做迦拿（加納）的地方，他

耶穌把水變成酒，讓大家有酒可喝。

和他的母親馬利亞到那裡參加一場婚宴。那裡沒有酒，馬利亞把這個狀況告訴他。那裡只有六個裝滿水的石壺，但耶穌基督只是把手舉起來，那些水就變成了酒；在場的每個人都有酒喝了。

這是因為神給了耶穌基督成就這些神蹟的能力；而他一旦帶來奇蹟，人們或許就會明白他不是一般人，也或許就會相信他帶給他們的教誨，並願意相信是神派他來的。

許多人聽說了這件事，又聽說他能治癒病人，確實就開始相信他。無論他去到哪裡，群眾都大街小巷地跟隨著他。

Chapter 3

‧耶穌的十二門徒

‧傳授祈禱文

‧醫治痲瘋病人和癱子

‧讓小女孩死而復活

為了能有一些好人在身邊伴他同行、教導群眾，耶穌基督選了十二位升斗小民來當他的同伴。這十二個人被稱之為「十二使徒」（The apostles，又稱宗徒）或「十二門徒」（The Disciples），而且他們是特別從窮人當中選出來的。

耶穌這麼做，是為了從此以後，在未來所有的日子裡，讓窮人都能明白，天堂不只為富人存在，也為窮人存在。在神的眼中，穿金戴銀的人和衣衫襤褸、沒鞋子穿的人沒有分別。只要在世時為善，那些愁苦、醜陋、殘缺、不幸的生靈，到了天堂都會是光明的天使。

等你們長大之後，永遠也不要忘記這一點。我親愛的孩子們，永遠不要傲慢或刻薄地對待任何窮人，無論是男人或女人也好，小孩子也罷。如果他們很壞，你們要想：若是他們結交了益友、生長在良好的家庭、受過良好的教育，那麼他們可能會是比較好的人。所以，永遠都要試著藉由善意的勸導來讓他們變好。

只要你們有能力，永遠都要試著教導他們、救助他們。而當有人在說窮苦人的壞話時，你們要想耶穌基督是如何走入他們之中，教導他們，並認為他們值得他的關照。你們也要懂得同情他們，而且把他們多多放在心上。

這十二位使徒的名字是彼得（伯多祿）、安德烈（安德肋）、西庇太的兒子雅各（載伯德的兒子雅各伯）、約翰（若望）、腓力（斐理伯）、巴多羅買（巴爾多祿茂）、多馬（多默）、馬太（瑪竇）、亞勒腓的兒子雅各（阿斐爾的兒子雅各伯）、達太（猶達）、西門（西滿），以及加略人猶大（伊斯加略人猶達斯）——這人後來背叛了耶穌基督，你們很快

耶穌召選十二使徒，都是特別從窮人中選出來的。

就會聽到他的故事。

這些人當中的前四位，都是貧窮的漁夫。他們坐在海邊的船上修補漁網時，耶穌從旁邊經過。他停了下來，來到彼得的船上，問彼得是否抓到很多魚。彼得說沒有，儘管他們通宵達旦努力捕魚，卻一條魚也沒抓到。

耶穌說：「再把漁網放下去看看。」他們照做了，結果漁網瞬間裝滿了魚，要好多人合力才能把它從水裡拖出來。好多人都跑來幫忙他們，但即使如此也還是很費力。這是耶穌基督的又一個神蹟。

接著，耶穌說：「跟我來吧。」他們二話不說隨他而去。從那之後，十二使徒（或說是十二門徒）就始終跟著他。

漁夫們看到神蹟後，決定跟隨耶穌。

許多群眾都追隨他，希望蒙他教誨。他來到一座山上，在那裡為他們講道，並親口將你們每天晚上都會吟誦的祈禱文傳授給他們，祈禱文的開頭是「我們在天上的父」。這篇祈禱文被稱為〈主禱文〉（天主經），因為它一開始是從耶穌基督口中說出來的，也因為他要求他的門徒以這些字句來禱告。

他一從山上下來，就有個罹患重病的人來找他。這人患的病叫做痲瘋病，這種病在那個年代很常見，而得了這種病的人就叫做痲瘋病人。這個痲瘋病人跪在耶穌基督腳邊，說：「主啊！祢若願意，必能讓我痊癒！」總是滿懷慈悲的耶穌伸出手去，說：「我願意！你痊癒了！」他的病立刻好了，他痊癒了。

無論到哪裡都受到大批群眾追隨，耶穌和他的門徒來到一棟房子裡休息。他坐在房子裡時，有幾個人抬了一張床過來，床上有個病得很嚴重的人，他得的是癱瘓症，全身上下顫抖不已，既不能站也不能動。但門口和窗前都擠滿了人，把床抬過來的人無法靠近耶穌基督，於是他們爬到房子的屋頂上。房子的屋頂低矮，他們從上面把床連同病人垂降下來，到耶穌坐著的那個房間裡。

耶穌看到那人時，充滿同情地說：「起來！拿你的褥子，回家去吧！」那人站起來了，而且走得很好，就這麼回家去了。祝福他，也感謝上帝。

還有一個百夫長（統領士兵的軍官）也來找他，說：「主啊！我的僕人在我家裡，臥病不起。」耶穌基督答道：「我去你家醫治他。」但這位百夫長說：「主啊！祢要來我家，我不敢當。只要祢一句話，我知

耶穌治癒了被從屋頂垂降下來的病人。

道他必得醫治。」百夫長是這麼真心地相信他，耶穌基督感到很欣慰，他說：「那就這樣吧！」而那位僕人從這一刻起就痊癒了。

在所有來找他的人當中，有個負責管理許多人的地方官，沒人比他更哀傷、更憂愁了。他絞著雙手，哭著說：「喔，主啊，我的女兒，我美麗、善良、天真無邪的小女兒，死了！喔，來看看她吧，來看看她吧，把祢的庇祐之手按在她身上，我知道她會甦醒，她會重新活過來，讓我和她母親快樂起來。喔，主啊，我們這麼愛她，我們這麼愛她！她卻死了！」

耶穌基督和他一起出去，耶穌的門徒也去了。他們來到他家，在那個死掉的可憐小女孩躺著的房間裡，朋友和鄰居都在哭泣。房裡還放著輕柔的音樂，因為在那個年代，有人過世的時候都會這麼做。

耶穌基督悲傷地看著她，為了安慰她可憐的雙親，他說：「她沒死，她睡著了。」接著，他命令所有進去那個房間裡的人全都離開。他來到女孩身邊，抓起她的手，女孩起來了，整個人好好的，彷彿她只是

為了安慰可憐的雙親，耶穌讓死去的小女孩復活。

睡著一樣。喔，那是一幅怎樣的景象！她的雙親將她抱在懷裡，親吻她，感謝神，也感謝神的兒子耶穌基督，降下這麼大的恩慈！

但他一向是這麼仁慈和溫柔。又因為他有這般善行，並教導人們如何敬愛神、如何祈求在死後能上天堂，於是他被稱之為「我們的救主」（Our Saviour）。

Chapter 4

· 安息日的問題

· 拿因城的神蹟

· 平息暴風雨

· 驅走瘋子身上的惡靈

· 希律王殺死約翰

在我們的救主行神蹟的那個國家，有一些叫做法利賽人（Pharisee）的人。他們很驕傲，一心認為除了他們自己之外沒有人是好的。他們都很害怕耶穌基督，因為他教大家變得更好。猶太人一般也是如此。而那個國家絕大多數的居民，都是猶太人。

有一次，在某個星期天（猶太人稱之為安息日〔Sabbath〕），我們的救主和他的門徒走在田野裡，摘採了一些生長在那裡的麥穗來吃。法利賽人說這樣做是不對的。基於一樣的理由，當我們的救主來到他們的一座教堂——他們稱之為猶太會堂——心懷同情地看著一個可憐人，這人有一隻手乾枯萎縮了，那些法利賽人又說：「在星期天醫治病人是對的嗎？」★

★編注：猶太人的戒律中，有一條是安息日不可以工作，連食物也要前一天準備好。法利賽人遵守安息日到了吹毛求疵的地步，認為摘麥穗吃、治病都違反這條戒律。

我們的救主答道：「如果你們有隻羊掉到坑洞裡，難道你們不會把牠拉出來嗎？就算這是在星期天發生的事？而人比羊貴重多少！」接著，他對那個可憐人說：「伸出你的手來！」那人的手馬上康復了，就像他的另一隻手一樣既光滑又能用。耶穌基督告訴他們：「行善不分日子。」

不久之後，我們的救主來到一座叫做拿因（納因）的城市。很多人都跟著他，尤其是那些有親戚、朋友或孩子生病的人。他們把病人帶到耶穌行經的大街小巷，呼喊著要他碰觸他們，而一旦被他碰觸，他們就痊癒了。

他在人群的簇擁之下繼續前進，在接近城門口時，他遇到一場喪禮。那是一個年輕人的喪禮，那人被放在屍架上。屍架是敞開來的，因為當時那個國家的習俗就是如此，現在義大利的許多地方也是這樣。

耶穌讓寡婦的獨生子死而復生。

那位可憐的媽媽跟在屍架後面，哭得好慘，因為她沒有別的孩子。看到她這麼難過，我們的救主於心不忍地說：「別哭！」接著，抬屍架的人站住不動，他走上前去，伸手碰觸屍架，並說：「年輕人！起來。」聽到救主的聲音，死去的年輕人活過來了，他起身開始說話。耶穌基督動身離開，留下他和他母親——啊，他倆是多麼快樂！

這時，跟隨他的人已是多不勝數。耶穌基督來到水邊，要搭船前往一個比較幽靜的地方。

他在船上睡著了，他的門徒則坐在甲板上。他還在睡覺的時候，海上掀起猛烈的暴風雨。海浪襲來，呼嘯的狂風晃動、搖撼著船身，他們都覺得船要沉了。門徒驚恐地叫醒我們的救主，說：「主啊！救救我們，否則我們就要沒命了！」

耶穌在船上睡覺時，暴風雨來襲，門徒們非常驚慌。

耶穌站起來，張開雙臂，對著浪濤滾滾的大海和颼颼作響的狂風說：「安靜！停下來！」海上立刻一片平靜，天候宜人，船隻安全地在平穩的水面上航行。

抵達海的另一邊之後，他們必須經過一片荒涼而孤寂的墳地。墳地位於他們要去的那座城市外面。在那個年代，所有的墳地都在城市外面。這地方有個可怕的瘋子，他就生活在墳墓之間，沒日沒夜地鬼叫，路過的人聽到了都很害怕。

大家試過把他拴起來，但他力氣很大，把鍊條都弄斷了。而且他會撞向尖銳的石頭，用最可怕的方式割傷自己，還一直沒完沒了地哭叫。這個不幸的人遠遠看到耶穌基督，就大叫說：「這是神的兒子！喔，神的兒子啊，不要折磨我！」

耶穌走上前來，看出他被惡靈糾纏，便把他身上的瘋魔驅走了。瘋魔被趕到一群在旁邊吃東西的彘（也就是豬）身上，牠們一頭衝向通往大海的斜坡，就這麼碎屍萬段。

話說，那裡的人民由新的希律王所統治。這位希律王就是屠殺無辜嬰孩的那個心狠手辣的希律王的兒子。他聽說耶穌基督行了種種神蹟，讓盲人看得見，讓聾人聽得見，讓啞巴會說話，讓瘸子會走路，並且受到好多好多人追隨。希律王聽到了，說：「這人是施洗約翰（洗者若翰）的同伴和朋友。」

你們還記得，約翰就是那個穿駱駝皮、喝野生蜂蜜的好人。希律王把他囚禁起來，因為他教導群眾、為群眾布道。希律王把約翰關在他皇宮的牢房裡。

希律王下令殺了約翰，把他的頭獻給自己的女兒。

就在希律王對約翰氣憤不已的時候，他的生日到了。他的女兒希羅底（黑落狄雅）★舞跳得很好，便跳舞取悅他。他高興得不得了，當場許諾會給她任何她想要的東西。她說：「這樣的話，父親，就把施洗約翰的腦袋裝在一個大圓盤裡給我吧。」因為她憎恨約翰，而且她是一個邪惡、殘忍的女人。

希律王很難過，因為他雖然把約翰關了起來，卻不想殺了他。但他已經許諾會給她任何她想要的東西，只好下令要士兵到牢房去，砍下施洗約翰的腦袋，獻給希羅底。他們照做了，並且按照她的吩咐，把約翰的人頭放在大圓盤上——大圓盤是一種盤子——給她。

耶穌基督從門徒口中聽聞這件暴行，便離開那座城市（在他們趁夜私下把約翰的屍體埋了之後），和門徒一起去了另一個地方。

★編注：此處應為狄更斯筆誤，希律王的女兒是撒羅米（撒羅默），希羅底是她的母親。

Chapter 5

· 為耶穌擦腳的女子

· 治好可憐的病人

· 激怒猶太祭司

· 五餅二魚餵飽五千人

· 走在水面上

· 預告自己之死

有個法利賽人懇求我們的救主到他家用餐。我們的救主在桌前吃飯時，一名來自那座城市的女子偷偷摸摸地進到房間裡來。

她過著敗壞而罪惡的生活，所以羞於讓神的兒子看到她，但她是那麼相信耶穌的善良，也相信他會同情那些真心為自己所犯的錯感到愧疚的人。於是，她一點一點地從耶穌所坐的座位後面靠近他，最後跪在他腳邊，傷心地哭了起來，把他的腳都哭濕了。然後，她親吻他的腳，並用她的長髮把他的腳擦乾，還從她帶來的盒子裡拿出某種聞起來很甜的香膏，用香膏抹他的腳。這名女子是抹大拉的馬利亞（瑪利亞・瑪達肋納）。

那個法利賽人看到耶穌竟然允許這名女子觸碰他，心中暗想耶穌一定不知道她是多麼邪惡。但耶穌基督看穿了他的心思，對他說：「賽門

（這是他的名字），如果有個人借錢給別人，其中一人欠他五百便士，另一人只欠他五十便士，他卻免除了這兩人的債務，你想這兩人當中哪一個會更愛他？」

賽門答道：「我想是欠他比較多的那個吧。」耶穌說他答對了，並說：「神既然饒恕了這名女子這麼多的罪，那麼我希望她會加倍愛祂。」然後，他又對女子說：「神饒恕妳！」

在場的人都很納悶耶穌基督怎麼會有恕罪的權力，但神賦予他這種權力，而那名女子對耶穌的仁慈深懷感激地離開了。

從這件事情，我們可以學到：永遠都要饒恕對我們造成傷害的人，只要他們過來跟我們說他們真的很抱歉。就算他們沒有這麼說，我們也

馬利亞用頭髮擦乾耶穌的腳。

還是要原諒他們，絕不對他們懷恨在心，也不要對他們不好——如果我們希望神能饒恕我們的話。

這件事情過後，猶太人有個盛大的節慶，於是耶穌基督去了耶路撒冷。在那個地方的綿羊市集附近有個水池，叫做「畢士大池」（貝特匝達池），它有五座門廊。

在一年當中舉行節慶的這個時候，很多病人和瘸子都會到這座池子裡泡水。他們相信有個天使會來這座池子攪動池水，第一個在天使攪過池水之後下水的人，不論有什麼樣的病痛都能得到醫治。

在這些可憐人當中，有個病了三十八年的男人，他獨自躺在床上，沒人幫助他，耶穌基督看了心生憐憫。他告訴耶穌基督，他從來沒能到那座池子裡沾一下水，因為他病得很重、太虛弱了，沒辦法移動到那裡去。我們的救主對他說：「起來，拿你的褥子走吧。」他就這麼走了，整個人好好的。

很多猶太人看到了，結果他們看了更恨耶穌基督。因為他們知道世人一旦受到耶穌的教導與醫治，就不會相信他們的祭司了。猶太人的祭司欺騙大眾，他們教的東西都不是真理。他們到處說耶穌基督應該被處死，因為他在安息日為人治病（這大大違反他們的律法），也因為他自稱是神的兒子。他們試圖煽動世人與耶穌基督為敵，慫恿街上的群眾去殺害他。

但無論他去到哪裡，群眾還是跟著他、祝福他，並祈求他的教誨與醫治，因為他們知道他所做的都是善行。

耶穌和他的門徒渡過加利利海（加里肋亞海），並和他們一起坐在山坡上。他看到好多可憐人都在下面等待，就對門徒腓力說：「我們要從哪裡買餅給他們吃，好讓他們在這麼長的旅途之後能果腹一下？」

腓力答道：「主啊，價值兩百便士的餅都不夠這麼多人充飢呢，何況我們一分錢也沒有。」另一個門徒——也就是彼得的兄弟安德烈——說：「我們只有五塊大麥餅和兩條魚，是屬於我們當中的一個小夥子的。但人有這麼多，這點食物算得上什麼呢！」

耶穌基督說：「叫他們全都坐下！」他們照做了；那地方有大片草地可坐。他們全都坐好之後，耶穌拿起那些食物，抬頭仰望天堂，祝禱了一下，接著將食物掰開，分成一片又一片，交給各個門徒，門徒再交給群眾。而這五塊小小的餅和兩條魚，把五千個男女老幼都餵飽了。大

耶穌用五塊餅和二條魚餵飽五千人。

家全都滿足之後，剩下的食物收集起來還有滿滿十二籃。這是耶穌基督的另一個神蹟。

後來，我們的救主讓他的門徒上了一艘船，送他們出海去了，並說等他把群眾都解散之後，很快就會跟上他們。最後只剩他一人，獨自在那裡禱告。

夜晚降臨，門徒還在水裡划著船，納悶著耶穌何時會來。夜深之後，狂風大作，浪濤高漲，他們看到他踩在水面上朝他們走來，彷彿走在陸地上似的。看到這一幕，他們嚇得大叫，但耶穌說：「是我，不要怕！」

彼得鼓起勇氣說：「主啊，如果是你，請叫我和你一起走在水上。」

彼得想和耶穌一起走在水上，但他心生害怕，便沉了下去。

耶穌基督說：「來吧！」彼得於是朝他走去，但看到滾滾怒濤，又聽到風的呼嘯，他很害怕，頓時沉了下去，就要滅頂了。但耶穌基督抓住他的手，帶他到船上。這時，狂風瞬間減弱，門徒紛紛對彼此說：「是真的！他是神的兒子！」

在這之後，耶穌又行了許許多多神蹟，也醫治了好多好多病人；讓瘸子能走，讓啞巴說話，讓盲人看得見。而且，他又再次被一大群虛弱、飢餓的民眾包圍。這些人和他在一起三天都沒吃什麼東西，他從門徒那裡拿了七塊餅和幾條魚，再次把食物分給這群為數四千的民眾。他們都吃到了，也都吃飽了。剩下的收集起來還有滿滿七籃。

他現在把門徒分派到許多城鎮和鄉村去教導世人，並以神之名賦予他們力量，讓他們可以醫治所有生病的人。就在這時，他開始告訴他們

（因為他知道這件事遲早要發生），他有一天終將回到耶路撒冷，在那裡受到酷刑折磨，並且肯定會喪命。但他也告訴他們，在他死後第三天，他會從墳墓裡死而復生，升上天堂。到了天堂，他會坐在上帝右手邊，懇求上帝饒恕罪人。

Chapter 6

・救主的變容

・可以上天堂的人

・寬恕的寓言

・用故事教導門徒

・赦免犯罪的婦人

上一次餅和魚的神蹟過後六天，耶穌基督來到一座高山上，隨行的門徒只有三位——彼得、雅各和約翰。他在那裡和他們說話時，臉上突然像太陽一樣放出光芒，身上穿的白袍也閃閃發亮地泛著銀光。他像天使似地站在他們面前，同時有一抹明亮的雲朵將他們籠罩，雲朵裡面傳來一個聲音說：「這是我心愛的兒子，他讓我很欣喜。你們要聽他的！」三位門徒聞言跪倒在地，怕得摀住了臉。

這個事件稱之為「救主的變容」（Transfiguration of our Saviour）。

後來，他們從這座山上下來，再次回到人群之中。有個人跪在耶穌基督腳邊，說：「求主垂憐我兒，他瘋了，無法控制自己，有時跌進火裡，有時摔進水中，渾身都是傷疤與爛瘡。你的幾位門徒試過要醫治他，卻都治不好。」我們的救主立刻將那孩子治好了。他轉向他的門

耶穌和門徒說話時，臉上突然放出光芒。

徒，告訴他們說，他們之所以沒辦法治好那孩子，是因為他們不像他所希望的那般真心相信他。

有一次，門徒們問他：「主啊，在天堂的國度裡，最偉大的是誰？」耶穌把一個小孩叫過來，並將他抱在懷裡，站到他們當中，答道：「一個像這樣的小孩。我告訴你們，唯有像孩子一般樸拙的人才能上天堂。無論是誰，只要以我之名接納了這樣一個小孩，便是接納了我。但無論是誰，只要傷害了一個孩子，便該在脖子上綁一塊石磨，沉入深海裡。天使都是孩童。」

我們的救主愛那個孩子，也愛所有的孩子。是的，他愛所有世人。從來沒有一個人像他一樣那麼愛所有人，愛得那麼真切。

欠錢的僕人求得主人的饒恕，自己卻不放過欠他錢的人。

又一次，彼得問他：「主啊，我該饒恕冒犯了我的人幾次呢？七次嗎？」我們的救主答道：「遠遠超過七十個七次。因為除非你饒恕其他所有的人，否則你怎能希望神在你犯錯時饒恕你呢？」

他告訴他的門徒這個故事——他說，從前有個僕人欠他主人很多錢，卻無力償還。主人氣得要把這個僕人賣去當奴隸，但僕人萬分歉疚地跪下來求主人放他一馬，於是主人饒了他。就在這時，另一個僕人也欠這個僕人一百便士，這個僕人卻沒有像他的主人一樣好心放過那個可憐人，反倒為了這筆債務送他進監獄。他的主人聽說了，跑去找他說：「喔，你這個壞僕人，我饒過你，你為什麼卻不饒過你的同僚！」也因為這樣，主人很不高興地把他趕走了。

「所以，」我們的救主說：「如果你不饒恕他人，怎能期望神饒恕你呢？」〈主禱文〉裡面有一個部分說「求神饒恕我們的罪愆，如同我們饒恕他人的罪愆」——罪愆的意思就是過錯——這個部分要說的就是這個意思。

他又告訴他們另一個故事。他說：「從前有一位農場主，他有一片葡萄園。一大清早，他就出門去雇用一些工人一天，並同意支付他們一便士。不久之後，他又出門去，以一樣的條件再請了一些工人回來。過了不久，他再度出門。就這樣，他出去了幾次，直到下午為止。一天過去了，工人全都來向他領取酬勞。一早就開始工作的人抱怨比較晚才開始工作的人怎能領一樣的酬勞，他們說這樣不公平。但那位農場主說：『朋友，我同意給你一便士；別人也拿一便士的話，你的錢會變得比較少嗎？』」

我們的救主是想藉此告訴他們，一輩子都行善的人死後會上天堂，但本來因為身世不幸或在小時候沒有父母與朋友的照顧而變壞的人，無論多晚才悔改，只要真心懺悔並祈求神的原諒，都能得到寬恕，也都能上天堂。

他經常藉由這些故事來教導他的門徒，因為他知道世人愛聽故事，而且他用這種方式，大家也比較能記住他所說的話。這些故事就叫做「寓言」（Parables），我希望你們記住這個字眼，因為我很快就會有更多寓言故事要告訴你們。

群眾聽了我們的救主所說的話，但他們對他的看法並不一致。法利賽人和猶太人對某些群眾說了反對他的話，有一些人就意圖傷害他，甚至是殺害他。但他們還不敢去對他造成任何傷害，因為他的善行，也因為他看起來是那麼神聖而莊嚴——儘管他穿著簡樸，幾乎就像窮人一樣——他們簡直不敢看他的眼睛。

一天早上，他坐在一個叫橄欖山（Mount of Olives）的地方，教導聚集在他身邊的群眾。大家正聽得入神、學得專心，外圍卻傳來鬧哄哄的聲響。一群法利賽人以及一些和他們一樣的人——這些人叫做「經師」★——又叫又嚷地衝了進來。他們拖著一個犯了罪的婦人，異口同聲地大叫道：「老師！看看這個婦人，法律規定她應該被亂石砸死，但你怎麼說？你怎麼說？」

耶穌聚精會神地看著這群吵鬧的群眾，心裡知道他們是故意要讓他說出律法是錯誤而殘酷的，如此一來，他們就可以指控他，從而殺了他。他注視著他們的臉，他們頓時覺得很慚愧也很害怕，但他們還是大叫道：「說啊！你怎麼說？老師，你怎麼說？」

耶穌彎下身去，伸出手指在沙地上寫道：「你們當中誰沒有罪的，就向她投石吧。」他們越過彼此的肩膀讀著地上的字，他則又口頭向他們重述了一次。他們很慚愧地一個接著一個走了，直到這群吵鬧的群眾走得一個人都不剩，只剩耶穌基督和那個把臉摀住的婦女。

接著，耶穌基督說了：「婦人，指控妳的人呢？沒人要譴責妳了嗎？」她顫抖著答道：「主啊，沒有！」我們的救主說：「我也不怪罪於妳。走吧！別再犯罪了！」

★編注：Scribe，當時猶太人中的知識份子，被視為律法專家及文化傳統權威。

耶穌在沙地上寫字給指控罪婦的人群看，最後所有人都走了。

Chapter 7

我們的救主坐在那兒教導群眾，並回答他們的問題，這時有位律法師（法學士）站了起來，說：「老師，我要怎麼做，才能在死後再次過著快樂的日子？」

耶穌對他說：「在所有誡命當中，最首要的就是：主——我們的神——是獨一無二的主，你要盡心、盡性、盡意、盡力愛主——你的神。其次則是要愛人如己，你要像愛自己一樣地去愛你的鄰人。沒有其他誡命是比這兩條更重要的了。」

接著，這位律法師說：「但誰是我的鄰人？請告訴我，我才知道要愛誰。」耶穌以這個寓言來回答：

從前有一位旅人，在從耶路撒冷到耶利哥（耶里哥）的途中，他

善心的撒馬利亞人救助了被搶劫的可憐人。

落入劫匪手裡。他們搶走他的衣服，還打傷他，把他半死不活地丟在路邊，逕自揚長而去。這個可憐人倒在那裡，有位祭司剛好從對面經過，看到了他，但沒有理會就走掉了。還有一個利未人（肋未人）也從這裡經過，也看到了他，但只看了他一下，接著也走掉了。

然而，有一個沿著這條路前行的撒馬利亞人（撒瑪黎雅人）一看到他就心生同情，不但用油和酒幫他處理傷口，還把他放在自己騎的馱獸背上，帶他到旅館去住。第二天更自掏腰包，給了旅館老闆兩便士，並說：「麻煩你照顧他。至於你照顧他所需的任何費用，萬一超過這個數目，等我再次回到這裡時，會再付給你。」★

★編注：故事中的祭司和利未人都是當時的宗教師（類似現在的傳道者與協助傳道者），而撒馬利亞人在猶太人眼中則屬於不潔淨、不屑與之往來的族群。

我們的救主對律法師說：「那麼，對那個落入劫匪手裡的人來說，這三個人哪一位算得上是他的鄰人呢？」律法師說：「對他表現出同情的那一位。」我們的救主答道：「確實。去吧，就照這樣做！對所有人都要抱持同情，因為所有人都是你的鄰人和兄弟。」

他把這個寓言告訴他們，意思是在神的面前，我們絕對不可妄自尊大，或以為自己很好，而要永遠保持謙卑。他說：「受邀參加宴席或婚禮時，不要坐在最上位，免得待會兒來了一個更加受到敬重的人，你就得讓出那個位子。要坐在最下位，如果你配坐在更好的位子，自然就會被換過去。因為凡自高的必降為卑，凡自謙的必升為高。」

他也告訴他們這個寓言：「有個人準備了一頓豐盛的晚餐，並邀請了許多客人。晚餐備妥之後，他派他的僕人去告訴大家，一切都準備好了，就等他們來。他們聽了，卻紛紛推辭。其中一個說他買了一塊地，必須去看看。另一個說他買了五對牛，必須去試試。還有一個說他新婚燕爾，無法出席。這家的主人聽了很生氣，叫僕人到大街上、小巷裡、籬笆間，去把那些貧窮的、瘸腿的、殘廢的、失明的都給請來吃飯。」

這個寓言的寓意在於，太過忙於自身利益與享樂而忽略上帝與行善的人，便不會像生病與受苦受難的人一般獲得上帝的恩典。

在耶利哥城裡的時候，我們的救主看到有個人攀在樹上。那人從樹上低下頭來，目光越過眾人的頭頂，看著被人群淹沒的耶穌。這個人名叫撒該（匝凱），就是為了看耶穌一眼，他才爬到樹上去的。

在大家眼中，他是一個普通人，甚至是一個罪人，但耶穌基督卻在經過他時叫了他，說要在當天去他家裡和他一起吃飯。那些驕傲的人——就是那些法利賽人和經師——對著彼此竊竊私語道：「他和罪人一起吃飯。」

耶穌叫住了為了看他而爬到樹上的撒該，說要去他家吃飯。

對此，耶穌說了一個寓言來回應，一般稱這個寓言為「浪子（蕩子）的寓言」。耶穌這樣告訴他們：

從前有一個人，他有兩個兒子，年紀比較小的兒子有一天對他說：「父親，請你現在就把該我的那份家產分給我，讓我照我的意思花用吧。」這位父親同意了他的要求，他帶著他的錢去了一個遙遠的國家，過著奢靡的生活，很快就把錢花了個精光。

錢財散盡之後，剛好又碰上那個國家舉國陷入貧困與飢荒，不但沒有餅，就連土裡長的穀物、青草和其他東西，都全部乾枯、凋萎了。浪子面臨這種困境，餓得受不了，便謀了個僕役的差事，負責到田裡放養豬隻。他只要有東西吃就好，甚至連用來餵豬的粗劣米糠也樂意去吃，但他的主人卻什麼也不給他。

處在這樣的困境中，他自言自語道：「父親有多少僕人，個個都有足夠的食物可吃，還會剩下來呢，我卻要在這裡餓死！我要起來，到我父親那裡去，跟他說：父親！我逆天行道，又辜負了你，再也不配為你的兒子！」

於是，他懷著極度的痛苦與歉疚，萬分艱難地回到父親的家去了。離家還很遠，他父親就看到了他。儘管他衣著破爛、狼狽不堪，他父親還是一眼認出了他，並且哭著朝他跑去，一把抱住他的脖子親吻他。父親叫僕人拿上好的袍子來為這個幡然悔悟的可憐兒子穿上，還辦了一場豐盛的宴席要慶祝他的歸來。宴席備妥，大家都開始歡慶。

但年紀最長的兒子一直都在田裡忙著，並不知道他的弟弟回來了。他來到屋前，聽到音樂、看到歌舞，便叫了個僕人來問這是怎麼回事。

以連環畫的方式來呈現「浪子回頭」的寓言，故事從右上角開始，沿着S形路線，一直發展到左下角结束。

僕人回答說他的弟弟回家了，他的父親因此很高興。這個做哥哥的聽了很生氣，便不願進到屋裡去。父親聽說了這種情況，便出來勸他。

這個哥哥說：「父親，弟弟回來，你表現得那麼高興，你對我並不公平。這麼多年來，我都待在你身邊，未曾稍離。我對你忠心耿耿，你卻從來不曾為我辦過一場宴席。但當我那揮霍、浪蕩、把錢花在不該花的地方的弟弟回來了，你卻滿心歡喜，還讓全家上下一同歡慶！」

父親回應道：「兒子，你一直都在我身邊，我所有的一切都是你的。但我們以為你弟弟死了，可是他還活著。我們一度失去他，如今又失而復得。他出乎意料地回到他的老家，我們會高興也是理所當然的。」

藉著這個寓言，我們的救主想說的是：那些做錯事、遺忘了神的人，永遠都會受到神的歡迎，也永遠都能蒙受祂的恩惠，只要他們對自己所犯的罪懷著懺悔地回到祂身邊。

此時，聽了救主的這些教誨的法利賽人覺得很不屑，因為他們很有錢又很貪心，還自以為高人一等。耶穌為了告誡他們，說了「富翁與乞丐」的寓言：

從前有一個人，穿上好的衣料，每天奢華享樂。有個名叫拉撒路（拉匝祿）的乞丐，被人放在他家大門前。拉撒路渾身爛瘡，一心只求能吃到富翁餐桌上掉下來的殘屑。更慘的是，狗兒都跑來舔他的瘡。

後來，那個乞丐死了，天使把他帶走，放在亞伯拉罕（亞巴郎）的懷抱裡——亞伯拉罕是許多年前活在世上的一個大好人，而這時他早就

在耶穌說的寓言中，富翁每天享樂，乞丐則受苦受難。

待在天堂裡了。

再後來，富翁也死了，埋葬了。他在地獄中受苦，舉目看到遠方的亞伯拉罕和拉撒路，便大喊著說：「先祖亞伯拉罕，可憐可憐我吧！請派拉撒路下來，把他的指尖浸到水裡，為我的舌頭消消火，因為我飽受火焰之苦。」但亞伯拉罕說：「兒啊，還記得你生前在世上享盡榮華富貴，同樣地，拉撒路則是受苦受難。現在，他有福了，你則要受苦！」

因為他們的驕傲，耶穌又對同一群法利賽人說了另一個寓言：「某一回，有兩個人到聖殿裡祈禱。其中一人是法利賽人，另一人則是一位稅吏★。那個法利賽人說：『神啊，我感謝祢，讓我不像別人那樣作奸

★編注：稅吏是為羅馬人收稅的猶太人，等於幫外族壓榨自己同胞，還藉機中飽私囊，因此當時一般人都很輕視他們。

法利賽人與稅吏的祈禱，前者驕傲自滿，後者謙卑認罪。

犯科，或像這個稅吏一樣壞！』稅吏卻站得遠遠的，連頭都不敢抬起來直視天堂，搥胸說道：『神啊，饒恕我這個罪人吧！』」

我們的救主告訴他們，上帝聽了兩人的祈禱之後，比起法利賽人，祂更加垂憐那個稅吏，並且對於稅吏的禱告感到更為欣慰，因為稅吏的禱告是出於一顆謙卑而恭敬的心。

法利賽人聽了這些教誨非常生氣，他們雇了一些奸細去向我們的救主提出問題，意圖陷害他說出違法的話。那個國家的帝王叫做凱撒，他要求人民定期進貢錢財給他，誰敢有異議，下場就會很悽慘。那些奸細心想，他們或許可以拐我們的救主說這是一筆不義之財，害他惹得帝王不悅。

耶穌巧妙回答奸細的問題，讓凱撒的歸凱撒。

所以，他們假裝很謙卑地來找他，說：「老師，你把神的話語正確地教給我們，也教我們不要基於財富或地位去尊敬一個人。那麼，請告訴我們，進貢給凱撒的規定是正當的嗎？」

耶穌知道他們的心思，便答道：「你們何以這麼問呢？拿出一便士來給我瞧瞧。」他們照做了。「鑄在這上面的，是誰的頭像、誰的名字？」他問他們。他們說：「是凱撒的。」他說：「那麼，讓凱撒的歸於凱撒。」

於是，他們只好離開了。對於沒能陷害到他，他們很生氣也很失望。但我們的救主知道他們的心思，也知道其他人要謀害他，而他很快就會被處死。

耶穌讚揚奉獻兩個小硬幣的窮寡婦。

在這樣教導著他們時，他坐在奉獻箱附近。奉獻箱是一個箱子，街上的路人習慣在經過時把錢投進去給窮人。耶穌坐在那裡的時候，很多有錢人經過，也投了很多錢進去。

最後來了一個窮寡婦，她投了兩個小硬幣進去，每個硬幣只值半法斯★，她投完錢就默默地走了。耶穌起身正要離開那裡，剛巧就看見她這麼做，便把他的門徒叫到身邊，告訴他們說那位窮寡婦比當天投錢的其他人都來得慷慨。因為其他人很有錢，給了這些錢之後不會怎麼樣，但她很窮，卻奉獻了這兩個本來能讓她買東西來吃的小硬幣。

當我們以為自己很慷慨的時候，務必謹記這個窮寡婦的作為。

★譯注：farthing，英國舊幣值，相當於四分之一便士，折合新台幣約值〇．一二元。

Chapter 8

· 讓拉撒路復活

· 馬利亞為耶穌抹香膏

· 猶大的陰謀

· 進入耶路撒冷

· 把攤販逐出聖殿

· 為門徒洗腳

· 三十銀幣出賣耶穌

有個住在伯大尼（伯達尼）的人，名叫拉撒路，他病得非常嚴重。還記得那個為耶穌抹香膏、還用自己的頭髮為耶穌擦腳的女子馬利亞嗎？他正是她的弟弟。馬利亞和她的姊姊馬大（瑪爾大）為此憂心忡忡、備受煎熬，便派了人去跟耶穌說：「主啊，你所愛的拉撒路病了，只怕就要死了。」

收到訊息過後兩天，耶穌還沒動身去他們那裡。但在這兩天過去以後，他就對他的門徒說：「拉撒路死了，我們去伯大尼吧。」抵達伯大尼（那裡離耶路撒冷很近）之後，他們發現情況一如耶穌的預言，拉撒路死了，也已經下葬四天了。

馬大聽說耶穌來了，便從那些過來與她一起哀悼可憐弟弟之死的人群中起身，跑去見他，留下妹妹馬利亞在家裡哭。馬大看到他時也哭了

耶穌讓重病死去的拉撒路復活，兩位姊姊又驚又喜。

出來，並說：「喔，主啊，祢如果之前就在這裡，我弟弟也不會死了。」我們的救主回應道：「妳弟弟會復活的。」馬大說：「我知道他會，也相信他會，主啊，我知道在末日那一天，他一定會復活。」

耶穌對她說：「復活在我，生命也在我，妳相信嗎？」她答道：「主啊，我信。」她跑回去告訴妹妹馬利亞說耶穌來了。馬利亞聽了跑出來，在家裡和她一起哀悼的人也都跟了出來。馬利亞來到耶穌所在的地方，跪在他跟前的地上哭，其他人也一樣。

耶穌對他們的悲傷感同身受，於是他也哭了，並說：「你們把他葬在哪裡？」他們說：「主啊，來看看！」

他葬在一個洞穴裡，洞口放了一塊大石頭。大家都來到這個墳墓前，耶穌下令把石頭挪開。石頭挪開了，耶穌舉目望天，感謝上帝，接著便以莊嚴的語氣大聲說道：「拉撒路，來！」死去的拉撒路便活了過來。他走到人群之中，隨著兩位姊姊回家了。

看到這驚天動地的一幕，在場有許多人都相信耶穌真的就是神之子，相信他來到世上是為了教導並拯救世人。但也有其他不相信的人，跑去告訴法利賽人。

從那天起，法利賽人就下定決心，不但要防止有更多人相信耶穌，還要置耶穌於死地。他們在自己的會堂裡聚集，暗中達成共識——如果耶穌在逾越節之前來到耶路撒冷，就把他抓起來，而逾越節就快到了。

耶穌讓拉撒路復活是逾越節前六天的事。一天晚上，他們全都坐下

馬利亞用珍貴的香膏為耶穌抹腳，再以自己的頭髮擦淨。

來一起共進晚餐，拉撒路也在，馬利亞起身拿了一磅的香膏（是很珍貴也很昂貴的哪噠香膏），為耶穌基督的雙腳抹上，並再次用她的頭髮為他擦腳。

整棟屋子瀰漫著香膏好聞的氣味，加略人猶大——其中一位門徒──假裝很生氣，說這香膏或許可以賣個三百便士，而這筆錢可以給窮人去用。但他只是嘴巴上說說，實際上，由於他負責管錢包，而且是個小偷（當時其他人還不知道），他只是想弄走所有他能弄走的錢財。現在，他開始預謀要把耶穌出賣給祭司長了。

逾越節就快到了，耶穌基督和他的門徒朝耶路撒冷前進。靠近那座城市時，他指著一個村子，並叫他的兩位門徒去那裡，說他們會找到綁在樹旁的一頭驢子和一匹小馬，他們要把牠們帶來給他。一如耶穌所述，他們找到了那兩隻動物，把牠們帶走了。而耶穌就騎在驢子背上，進入耶路撒冷。

他走著走著，身邊漸漸包圍了大群民眾。他們把袍子丟在地上，還從樹上砍下綠色的枝葉，在他前面為他鋪路。他們叫嚷著，歡呼道：

民眾把袍子丟在地上，揮舞著枝葉迎接耶穌進城。

「大衛（達味）的子孫有救了！」（大衛是那裡的一位偉大國王）「這是拿撒勒的先知耶穌，他奉主之名而來！」

耶穌進入聖殿，掀翻了裡面攤販的桌子，因為有些換錢的人和賣鴿子的人坐在那裡，他們這麼做很不應該。耶穌說：「我父親的家是祈禱的殿堂，你們卻讓它成了賊窩！」

大人小孩都不肯安靜下來，個個在神殿裡呼喊著：「這是拿撒勒的先知耶穌！」盲人和瘸子紛紛湧入，被他的手一按就好了。

祭司長和經師看了，對他是既恐懼又憎恨。但耶穌還是繼續治病、行善，並到伯大尼去投宿。那裡離耶路撒冷城很近，但不在城門之內。

在那裡的一天晚上，他從和門徒坐在一起享用的晚餐席間站了起來，去拿了一塊布和一盆水過來，為他們洗腳。其中一位門徒彼得要阻止他，但我們的救主告訴他，他這麼做是為了要讓他們記得，永遠都要好好善待彼此，不可驕矜自傲或萌生歹念。

接著，他突然變得很難過。他哀傷地環視諸位門徒，說：「這裡有一個人會背叛我。」他們一個接一個地叫喊道：「主啊！該不是我吧！」、「不是我吧！」但他只說：「是你們十二個人當中，和我一起蘸著盤子的那一個。」

其中一位耶穌所愛的門徒，此時正好靠在耶穌胸前聽他說話，彼得向他示意，要他問清楚那個叛徒的名字。耶穌答道：「我蘸一點餅給誰，就是誰。」他蘸了一點餅，遞給加略人猶大，說：「你要做什麼就快去做吧。」

耶穌為門徒洗腳，提醒他們要永遠善待彼此。

其他門徒都聽不懂，但猶大知道，耶穌這麼說是已經看穿了他的壞心眼。

於是，猶大拿了那點餅，立刻出去了。當時是晚上，他直接來到祭司長的家，說：「我如果把他帶來給你們，你們要給我什麼？」他們同意給他三十枚銀幣。為此，他很快就會出賣他的主和他的老師耶穌基督，將他交到他們手中。

Chapter 9

· 最後的晚餐

· 園中的祈禱

· 猶大的背叛

· 四散逃走的門徒

現在，逾越節近在眼前，耶穌對他的兩位門徒彼得與約翰說：「到耶路撒冷城裡，你們會碰到一個帶著一壺水的人。跟他回家，對他說：『老師問可以讓他和他的門徒吃逾越節晚餐的客房在哪裡。』他會帶你們去看一個在樓上的大房間，房裡已經擺設好了。你們就在那裡，把晚餐備妥。」

兩位門徒後來的遭遇一如耶穌所說。他們遇到那個帶著一壺水的人，跟著他回家，看了那個房間，準備了晚餐。耶穌和其他十位門徒在平常吃飯的時間抵達，他們全都坐下來，一起享用晚餐。

這頓晚餐總是被稱之為「最後的晚餐」（the Last Supper），因為那是我們的救主最後一次和他的門徒一起用餐。

猶大在席間離開去找祭司長，出賣他的老師。

他從餐桌上拿了餅，祝禱一番，再掰開來分給門徒。他又拿了一杯酒，也祝禱一番，喝了下去，並遞給門徒，說：「這麼做是為了紀念我！」晚餐結束後，他們唱了詩歌，唱完就出來到橄欖山去。

在那裡，耶穌告訴他們說他這個晚上就會被抓起來，而他們只要想著自己的安危就好，不要管他。彼得急切地說：「我絕對不會不管你。」我們的救主回應道：「在雞啼之前，你會有三次不認我。」但彼得答道：「不，主啊，我甘願與你一同赴死，也絕對不會不認你。」其他所有門徒也都說了一樣的話。

接著，耶穌帶路涉過一條叫做汲淪溪（Cedron）的小溪，來到一座叫做客西馬尼園（革責瑪尼園）的園子，和他的其中三位門徒走到園裡一個幽靜的角落。如同留下其他人，他也把那三位門徒一起留在那裡，說：「在這裡等著看吧！」說完便獨自走開去祈禱，而三位門徒則累得睡著了。

在那座園子裡祈禱時，耶穌感到悲不可抑、痛心疾首，為了耶路撒冷那些即將殺害他的人的惡毒之意，他在上帝面前流下了眼淚，內心萬般煎熬。

祈禱結束後，他覺得比較寬慰了，便回去門徒那裡，說：「起來！我們走吧！即將背叛我的人，他就近在咫尺！」

話說，猶大熟知那座園子，因為我們的救主常和他的門徒一起到那裡走動。而幾乎就在我們的救主說這些話的同時，他來了，身邊跟著一群強壯的士兵和衙役，是祭司長和法利賽人派來的。

耶穌祈禱時感到悲不可抑，流下了眼淚。

天很黑，他們帶著燈籠和火把，也配有刀劍和棍棒，以防有人為了保護耶穌基督而起身反抗——這也讓他們不敢在白天他教導群眾時堂而皇之地抓他。

這群人的首領不曾見過耶穌基督，無法從門徒中認出他來，於是猶大對他們說：「到時候我親吻的那個人就是他。」他正要上前給耶穌這邪惡的一吻，耶穌就對士兵說：「你們要找誰？」他們答道：「拿撒勒人耶穌。」我們的救主說：「那麼，你們要找的是我，放我的門徒走吧，我就是耶穌。」猶大說：「特此向老師請安！」並親吻他，藉此證實了耶穌的身分，於是耶穌說：「猶大，你用一個吻背叛我！」

接著，士兵便衝上前去抓他。除了彼得，沒人出手攔阻。彼得抽出他的刀，砍掉了大祭司的僕人的右耳——這個僕人也是這群人當中的一

猶大親吻耶穌，藉此證實耶穌的身分。

個，名叫馬勒古（瑪耳曷）。但耶穌命令彼得把刀收回去，並把自己交了出去。接著，所有門徒都拋下耶穌逃走了，沒人留在他身邊——一個也沒有。

Chapter 10

· 彼得三次不認主

· 大祭司審問耶穌

· 猶大畏罪自殺

· 彼拉多的裁決

· 耶穌受鞭笞

· 送往處刑場

不久之後，彼得和另一位門徒振作起來，偷偷跟著士兵到大祭司該亞法（蓋法）的家，耶穌就是被帶到那裡，經師和其他人也聚集在那裡審問他。

彼得站在門邊，另一位門徒是大祭司認識的人，便進到屋裡去，旋即又回來，請守門的女子准許彼得進來。她看著彼得說：「你不是其中一位門徒嗎？」他說：「我不是。」於是她就放他進去了。裡面生了一堆火，他站到那堆火前取暖，僕人和衙役也都圍著火堆擠在那裡，因為天氣非常冷。

就像剛剛那名女子問的一樣，這些人當中也有人問他：「你不是其中一位門徒嗎？」他再次否認，並說：「我不是。」其中有個人是被彼得砍掉耳朵的那個人的親戚，他說：「我剛剛不是看到你和他在園子裡

在公雞啼叫前，彼得三次否認耶穌。

嗎？」彼得再次矢口否認，並說：「我不認識那個人。」

就在這時，公雞啼了，耶穌轉過身，篤定地看著彼得。接著彼得就想起他說的話來了——在雞啼之前，你會三次不認我——於是彼得走了出去，哭得很傷心。

在用來審問耶穌的問題當中，大祭司問到他教了群眾什麼。對這個問題，耶穌回答說，他是在光天化日、大庭廣眾之下教導世人的，祭司應該去問問群眾都從他那裡學了些什麼才對。

聽到這樣的回答，其中一位衙役便伸手打了耶穌；兩個做偽證的人進到屋裡來，說他們聽到耶穌說要摧毀神的聖殿，並且要在三天之內重建一座。耶穌沒怎麼答話，但經師和祭司一致同意他犯了瀆神罪，應該被處死。他們對他吐口水，還毆打他。

加略人猶大看到他的老師真的被定罪了，頓時對自己的所作所為充滿恐懼。他把三十枚銀幣拿去還給祭司長，說：「我出賣了無辜的血！我不能收下它！」說著，他把錢往地上一丟，衝了出去，心灰意冷地上吊了。繩子很脆弱，禁不住他的重量，斷了。他的屍身掉到地上，摔得鼻青臉腫、鮮血橫流——多麼駭人的一幕啊！

祭司長不知該拿那三十枚銀幣怎麼辦，就用那筆錢買了一塊專門給外地人的墳地，那地方的正式名稱是「陶匠的田」（The Potters' Field），但從此以後人們都稱呼那裡為「血田」（The Field of Blood）。

耶穌被大祭司帶到審判廳，審判長本丟．彼拉多（比拉多）坐在廳裡主持公道。彼拉多本身不是猶太人，他對耶穌說：「你的族人猶太人和你的祭司把你帶來給我，你做了什麼？」

彼拉多發現耶穌沒做什麼傷天害理的事，就出去告訴猶太人說他沒犯罪。但猶太人說：「他教世人一些邪門歪道，而且他從很久以前在加利利（加里肋亞）的時候就這樣了。」由於希律王才有權力處置在加利利違法的人，彼拉多說：「我看不出他做錯了什麼。要不你們把他帶到希律王面前吧！」

他們於是把耶穌帶到希律王面前。耶穌坐了下來，周遭圍繞著不苟言笑的士兵和全副武裝的衛兵。這些人將耶穌嘲笑一番，並戲弄地為他穿上上好的袍子，又把他送回彼拉多那裡。彼拉多再次把祭司和民眾叫了過來，說：「我看不出這人犯了什麼錯，希律王也看不出來。他沒做

彼拉多的妻子想救耶穌。

任何應該被處死的事。」但他們大叫：「他有，他有！把他處死！」

聽到這般喧鬧的反耶穌聲浪，彼拉多很是苦惱。他的太太也是整夜睡不安枕，一直夢到這件事。她派人到審判席去告訴彼拉多說：「那個義人的事，你什麼都不要管。」

由於逾越節有大赦罪犯的習俗，彼拉多力圖說服群眾請求赦免耶穌。但人們受到祭司的指使，既無知又激情地說：「不，不，我們不要放了他，要放就放巴拉巴（巴辣巴）。至於耶穌，送他上十字架吧！」

巴拉巴是一個邪惡的罪犯，因罪入獄，而且有被處死的危險。

彼拉多眼見群眾一心反耶穌，便將他交給士兵去鞭笞——也就是鞭打。他們用荊棘做了一個冠冕，戴在他頭上，又為他穿上紫色的袍子，

彼拉多在民眾前洗手，表示不沾耶穌的血。

吐口水到他身上，還出手打他，說：「恭喜啊，猶太人的王！」——還記得他進入耶路撒冷時，民眾稱呼他為大衛之子。他們又用許多殘忍的手段虐待他，但耶穌都堅毅地忍了下來，只說：「父啊！赦免他們！他們不知道自己在做什麼！」

再一次，彼拉多將穿著紫色袍子、頂著荊棘冠冕的他帶到群眾面前，說：「看看這個人！」他們野蠻地嘶吼：「把他釘上十字架！釘上十字架！」祭司長和衙役們也都這麼喊著。

彼拉多又說：「你們要就自己把他帶去釘上十字架，我看不出他做錯了什麼。」但他們大叫道：「他自稱神之子，依據猶太律法，這一點就該處死。他還自稱猶太人的王，而這違反了羅馬律法，因為我們只有凱撒一位國王，他才是羅馬皇帝。如果你放他走，就是與凱撒為敵！把他釘上十字架！釘上十字架！」

彼拉多眼見再怎麼努力都鎮不住群眾，便叫人送了水來，在群眾面前洗了洗手，說：「我的雙手不沾這個義人的血。」接著，他就把耶穌交給他們處置了。而他們叫叫嚷嚷地將他團團包圍，殘忍地虐待他、羞辱他（他一直還在為了他們向神禱告），最後把他帶走了。

Chapter 11

‧釘上十字架

‧兩個小偷

‧空掉的墳墓

‧耶穌現身

‧懷疑復活的多馬

‧耶穌升天

‧掃羅的改變

‧成為偉大的宗教

為了讓你們明白群眾說的「把他釘上十字架」是什麼意思，我要告訴你們，那個年代——當時真的相當艱苦，讓我們感謝神和耶穌，那些苦日子已經過去了——的習俗，是將被判處死刑的人活活釘上一個巨大的木頭十字架，十字架豎立在地，他們就這樣被丟在那裡，日日夜夜任憑日曬風吹，直到痛苦渴死為止。

還有一個習俗，是要他們背著自己的十字架到刑場，之後他們的雙手就會被釘到自己背去的十字架上。如此一來，便能讓他們受到更大的恥辱與折磨。

我們萬福的救主耶穌基督，像最普通的老百姓和最邪惡的罪犯一樣，肩負著他的十字架，在迫害他的人包圍之下，離開耶路撒冷，來到一個希伯來語稱之為各各他（哥耳哥達）的地方，這個地名的意思是

耶穌背十字架上山，一路上受盡凌虐。

「髑髏地」。接著他們走上一座叫做各各他山（加爾瓦略山）的山丘，殘酷地將釘子釘進耶穌的雙手和雙腳，把他釘上了十字架。

他的十字架兩旁還各自豎立著一座十字架，上面分別釘了一個普通的小偷，他們也很痛苦。而在他的頭頂上，他們又釘了一塊寫著「猶太人的王，拿撒勒人耶穌」的牌子——這行字以三種語言寫成，包括希伯來文、希臘文和拉丁文。

這時，地上坐了一隊四個士兵，正在把他的衣服（被他們脫下來了）分成四分瓜分掉，還抽籤看誰能抽中他的大衣。就在他受苦的同時，他們坐在那裡賭博、談笑。他們給他喝摻了膽汁的醋和摻了沒藥的酒，但他一口也沒喝。

壞心眼的人經過那邊，嘲弄他道：「如果你是神之子，就從十字架上下來啊。」祭司長也嘲弄他道：「他來世上拯救罪人，就讓他救救自己吧。」兩位小偷的其中之一，一邊受折磨，一邊還嗆他說：「你如果是基督，就救救你自己和我們倆啊。」但另外一個小偷滿心懺悔地說：「主啊！等你回到你的國度之後，請記得我！」耶穌答道：「今天，你就會和我同在天國。」

除了一位門徒和四名婦人，就沒別的人在那裡哀憐他了。上帝保佑這些婦人的一片真心與慈心！她們是耶穌的母親、他母親的姊妹——革羅罷（克羅帕）之妻馬利亞，以及兩度用自己的頭髮為他擦腳的抹大拉的馬利亞。那位門徒則是耶穌心愛的約翰——就是他靠在耶穌胸前問叛徒是誰。耶穌看到他們站在十字架底部，便對他的母親說，讓約翰當她

十字架下只有一位門徒和四名婦人哀憐耶穌。

的兒子，在他死後安慰她。從那一刻起，約翰就如同她的親生兒子一般地愛她。

大約到了第六個小時，一片濃重而駭人的黑暗籠罩大地，一直持續到第九個小時。這時，耶穌震耳欲聾地呼喊道：「我的神，我的神，祢為什麼離棄我！」士兵聽了拿來一塊海綿，浸到靜置一旁的醋裡，接著把吸飽了醋的海綿插到一根長長的蘆稈上，把蘆稈伸上去，將海綿塞進他嘴裡。海綿塞進他嘴裡時，他說：「完成了！」並呼喊道：「父啊！我將我的靈魂交到你手裡！」說完，他就斷氣了。

接著頓時天搖地動起來，聖殿的高牆應聲裂開，石頭碎成片片。衛兵看見這副景象，驚懼地對彼此說著：「他真的是神之子！」從遠處看著十字架的群眾（當中有許多是女人）不禁捶胸頓足，又惶恐又哀傷地回家了。

第二天是安息日，猶太人急著想把屍體即刻撤下，因此對彼拉多提出了要求。於是刑場來了一些士兵，他們把那兩個罪犯的腿弄斷，想藉此把他們弄死。輪到耶穌時，士兵發現他已經死了，便只用一根矛從他的身體側邊刺進去；血和水從傷口流了出來。

有一個好人，名叫亞利馬太的約瑟（若瑟．阿黎瑪特雅）——亞利馬太是一座猶太城市——他相信耶穌，並私下去找彼拉多（因為他為猶太人擔憂），求彼拉多把耶穌的屍體給他。彼拉多同意了。約瑟就和一個叫做尼哥底母（尼苛德摩）的人一起，用亞麻布和香料包裹耶穌的屍體——當時猶太人的習俗是以這種方式準備安葬死去的人——並將它埋在一座新的墳墓裡。

馬利亞和其他婦女帶著香料前往耶穌的墳墓。

那座墳墓位在十字架刑場附近的一座園子裡，是用一塊岩石鑿出來的，裡面還從未埋葬過任何人。接著，他們搬來一大塊石頭擋住墳墓入口，留下抹大拉的馬利亞和另一位馬利亞，坐在那裡看守。

祭司長和法利賽人記得耶穌基督曾對他的門徒說，他會在死後第三天從墳墓裡復活。於是他們去找彼拉多，請求嚴加看守那座墳墓，直到第三天為止，免得門徒去把屍體偷走，之後再向世人謊稱耶穌復活了。彼拉多同意了。他派出一隊士兵，片刻不離地守在那裡，還把石頭封了起來。所以，那座墳墓就保持那樣，封了起來，受到看守，直到第三天；那天正是一個星期的第一天。

那天早晨破曉時，抹大拉的馬利亞和另一位馬利亞，以及其他一些婦女，帶了更多她們所準備的香料來到墳墓。她們正商議著：「我們要怎麼把這石頭搬開呢？」突然一陣天搖地動，有個天使從天而降，把石頭搬開，搬完還坐在上面休息。他的臉龐像是散發著光芒，他的衣服白得像雪。而那些衛兵看到他，都嚇得昏了過去，好像死了一樣。

抹大拉的馬利亞看到石頭搬開了，等了一下，看到沒有動靜，便跑去找正要前往那裡的彼得和約翰，說：「他們把主移到別的地方了，我們不知道是哪裡！」

彼得和約翰聽了，立刻朝墳墓跑去。約翰動作比較快，比彼得先跑到那裡。他彎身朝墳墓裡張望，只看到地上放著用來裹屍的亞麻布，但他沒下去查看。此時彼得也到了，他走進墳墓，看到亞麻布放在一處，裹頭巾則放在另一處。接著約翰也走進來，看到了一樣的景象。隨後，他們回家去，把這件事告訴其他人。

但抹大拉的馬利亞留在墳墓外面，啜泣不已。一會兒過後，她彎身往墳墓裡看，結果看到兩位一身白衣的天使，坐在之前擺放耶穌屍身的地方。這兩位對她說：「婦人，妳為何哭泣？」她答道：「因為他們把我的主帶走了，我不知道他們把他放在哪裡。」

在回答問題時，她轉過身去，看到耶穌站在她身後，但當下沒認出是他。他說：「婦人，妳為何哭泣？妳在找什麼嗎？」她還以為他是園丁，便說：「先生！如果是你把我的主移到別的地方，請告訴我是哪裡，我要把他帶走。」耶穌說出她的名字：「馬利亞。」這下她認出他了，她驚呼道：「老師！」但耶穌說：「別碰我，因為我還沒升天去我父親那裡。妳去找我的門徒吧，告訴他們說我升天去見我父親，也是你們的父親；去見我的神，也是你們的神！」

馬利亞遇見復活後的耶穌，萬分驚訝。

抹大拉的馬利亞按照吩咐，跑去告訴門徒說她見到耶穌了，也把耶穌對她說的話轉達給他們。她去通知彼得和約翰的時候，把其他婦女留在墳墓那裡。

後來，她和門徒們一起回去找那些婦女，那些婦女告訴她和其他人，說她們在墳墓那裡看到兩個衣著閃閃發光的人，她們看了怕得彎下身來，不敢抬頭，那兩個人卻告訴她們說主已經升天，並說就在來這裡的路上，自己已經見過耶穌，還抓著耶穌的腳敬拜他。但在此時，這些說法聽在門徒耳裡猶如道聽塗說，他們並不相信。

剛剛嚇昏的衛兵清醒以後，也跑去把他們的所見所聞告訴祭司長。祭司長給了他們一大筆封口費，還交代他們要說是門徒趁他們睡覺時把屍體偷走了。

然而，就在同一天，西門和革流巴（克羅帕）——西門是十二門徒之一，革流巴是耶穌的其中一位信徒——走路到一座叫做以馬忤斯（厄瑪烏）的村莊，那裡離耶路撒冷很近。他們邊走邊聊著耶穌的死亡與復活，這時有個陌生人加入他們的行列，他對他們解釋聖經的內容，還告訴他們許多關於神的事情，他們對他的博學很是讚歎。

抵達那座村莊時，天就快要黑了，他們便請這個陌生人留宿在他們那裡，而他也同意了。他們三人坐下來要共進晚餐時，他拿了一些餅，祝禱一番，再把餅掰開，做法一如耶穌在最後的晚餐時那樣。他們詫異地看著他，發現他的面容在他們眼前改變了，他就是耶穌本人。而就在此時，他從他們眼前消失了。

他們立刻起身，返回耶路撒冷，找到了聚在一起的門徒，並把他

門徒在前往以馬忤斯的路上遇見耶穌。

們的遭遇告訴大家。他們還在說著話，耶穌突然現身，站在眾人當中，說：「願你們平安！」他看他們怕得不得了，便讓他們看他的手和腳，並請他們摸摸他。而且，一方面為了鼓勵他們，一方面為了給他們回過神來的時間，他當著他們所有人的面，吃了一塊魚肉和一塊蜂巢。

那個時候，十二門徒之一的多馬不在那裡；事後其他人對他說：「我們看到主了！」他卻回道：「除非我親眼看到他手裡的釘痕，而且親手戳進他身側的傷口，否則我是不會相信的！」

當下，雖然所有的門窗都關上了，耶穌卻再度現身，站在他們當中，並說：「願你們平安！」接著又對多馬說：「把你的手指伸過來，看看我的手；把你的手伸過來，從我的身體側邊戳進去；不要不信，要相信。」多馬回應他道：「我的主，我的神！」耶穌接著說：「多馬，你因

耶穌顯現在不相信他復活的多馬面前。

為看見我了才相信，沒看見我就相信的人有福了。」

那次之後，耶穌基督曾有一次同時向五百位信徒顯現，後來又向其他人顯現，如此持續了四十天之久。他教導他們，並指示他們要到世界各地，將他的福音和宗教傳揚出去，不要在意那些壞心眼的人可能會對他們做什麼。最後，他領他的門徒離開耶路撒冷，到了伯大尼一帶，為他們祝禱，並乘著一朵雲升上天堂，來到神的右手邊。

正當他們望著蔚藍的天空裡耶穌消失不見的地方，兩位白袍天使出現在他們身邊，告訴他們說，一如他們看到耶穌升天，有一天他也會從天上下來，審判這個世界。

再也看不到耶穌的蹤影之後，門徒開始按照他的吩咐去教導世人，並且選了一個名叫馬提亞（瑪弟亞）的新門徒來遞補壞心的猶大。他們去到各個國家，把耶穌的生與死、十字架與復活，乃至於他的教誨，告訴世界各地的人，並以耶穌之名為人施洗，還藉由他賦予他們的力量醫治病人，讓盲人看得見，讓啞巴會說話，讓聾人聽得到，就像他所做過的那樣。

在深夜時分，鋃鐺入獄的彼得被一位天使救了出來。後來有一次，他在神面前所說的話，使得說謊的亞拿尼亞（阿納尼雅）和他太太撒非喇（撒斐辣）倒地不起，當場暴斃。★

無論去到哪裡，他們都受到迫害與虐待。有個名叫掃羅（撒烏耳）

★編注：亞拿尼亞和撒非喇這對夫婦為了獲得眾人稱讚，出賣田產，謊稱要全數奉獻給教會，實際上卻私自留下部分價銀。彼得見兩人都不悔改，便揭穿了這項罪行。

在前往大馬士革的途中，一道強光突然籠罩住掃羅。

的人，總是很熱中於傷害他們。一些野蠻的人朝一個名叫司提反（斯德望）的基督徒丟石頭時，掃羅就幫他們看守衣服。

但是，後來上帝徹底改變了掃羅。當時，掃羅正在前往大馬士革（Damascus）的途中，要去找出那裡的基督徒，把他們抓到監獄。突然有一道強光從天而降，籠罩住他，還有一個聲音大喊道：「掃羅，掃羅！你為什麼逼迫我？」

就在與他同行的全體衛兵與士兵面前，他被一隻看不見的手從馬背上打了下來。他們將他扶起，發現他眼睛瞎了；他就這樣瞎了三天，而且不吃也不喝，直到有一位基督徒（天使特意派去的）以耶穌基督之名恢復他的視力。在那之後，他就成為一位基督徒，和十二門徒一起到處傳教，教導世人。他不只深信上帝，也做出許多貢獻。

他們從我們的救主耶穌基督得來「基督徒」的稱號，並配戴十字架象徵他們的身分，因為他是在十字架上受死的。當時的世界上淨是一些虛假、野蠻、鼓勵暴力行為的宗教。在宗教的殿堂裡，他們不只宰殺畜生，還會殺人，因為他們相信血的氣味能取悅神——他們假設有很多很多的神——於是到處都盛行著各種最殘忍、最噁心的儀式。

然而，就因為這樣，儘管基督宗教是那麼真、那麼好、那麼良善的宗教，長久以來，那些舊有宗教的祭司卻一直鼓動人們去做各種傷害基督徒的事。在好多年的時間裡，基督徒被吊死、砍頭、燒死、活埋，還在劇場裡被野獸吞下肚來娛樂大眾。但什麼也堵不住他們的嘴、什麼也嚇不了他們，因為他們知道，只要盡了他們的責任，就能上天堂。所以，成千上萬的基督徒站出來教導世人，成千上萬的基督徒被殘忍殺害，但接著又有其他基督徒承先啟後，直到基督宗教逐漸成為世界上的一個偉大宗教。

切記！基督的精神是永遠都要行善，就算是別人對我們很壞也一樣。基督的精神是像愛自己一樣地去愛鄰人，並且要將己所欲的施於人。基督的精神是和善、仁慈、寬恕，而且要默默地謹守這些節操，不要張揚，也不要誇耀我們的祈禱或我們對神的愛，而要透過謙卑地將每一件事做對來彰顯我們對祂的愛。

如果我們這麼做，並且謹記我們的主耶穌基督的一生與教誨，更以此作為行事為人的典範，我們便能充滿自信地希望神會寬恕我們的罪惡與過錯，讓我們不只能活得平安，也能死得安詳。

狄更斯寫給孩子的祈禱文

聆聽主耶穌基督給他的門徒和我們的教誨，在生命中的每一天，我們都要記得盡心、盡性、盡意、盡力愛主，並且愛人如己，將己所欲的施於人，對所有人都滿懷仁慈與和善。

我們的主耶穌基督說，沒有其他誡命是比這些更重要的了。

晚禱文

主啊，創造了萬事萬物的主，對祂所創造的萬事萬物都那麼好、那麼仁慈的主，盡善盡美、盡心盡力的主，求祢保佑我親愛的爸爸、媽媽、兄弟姊妹，以及我所有的親戚和朋友。

讓我當個乖孩子，讓我從不頑皮搗蛋，也從不說謊，因為說謊是可惡又可恥的壞事。讓我對我的保母和僕人都很好，對所有的乞丐和窮人也很好，因為如果我殘酷地對待任何人事物，就算是對一隻可憐的小蒼蠅，好心的主就不會愛我。

從今晚到永遠，求主看顧、保守我們所有人。奉主耶穌基督的名，阿們。

讚美詩

喔，天上的父，垂聽我的祈禱，
在我上床睡覺之前，
請派祢那聖潔的小天使，
來到我的床邊守護。

我的罪很沉重，但比起我的每個罪，
祢的慈悲都更深、更重。
在祢的十字架前，
我把罪過一一拋下，

信靠祢的拯救。

領我走過險惡的暗夜，
在無邊無際的黑暗之中，
求祢帶我到祢懷裡安息，
在我已完成朝聖的時候。

祢的耐心不可計量，
超乎人類所能想像；
祢的慈愛沒有邊界，
由祢的聖子帶來世上。

饒恕我過去所有的罪惡。
賜我力量迎接來日；
以祢的福佑指引我、守護我，
直到祢的天使接我回天家。

繪者後記

不靠視覺的「看見」

每年十二月，神戶為了追思阪神大地震，總會舉辦為期十多天的「光之饗宴」（Kobe Luminarie），沿著市街豎立二十多萬顆燈泡打造的拱型迴廊，將四周照映得光耀如晝，每每吸引遠地而來的眾多旅客。

「光之饗宴」正式開幕前有一個「特別公開日」，邀請身心不便的民眾參觀。新聞畫面中經常可見坐在輪椅上緩緩穿越迴廊的人們，臉上映照著柔和的光輝。

前幾天，蘆屋天主堂的好朋友N兄告訴我，再過不久就是「光之饗宴」的特別公開日了，他很期待。我起先沒怎麼在意，後來才猛然想

起：「不對啊，N兄怎麼說他期待呢？他去那裡，究竟要『看』些什麼呀？」

N兄，是一位全盲者。

我小心翼翼地問：「去那裡，好嗎？」

他回答：「好極了！我很喜歡，每年都會去。」

N兄講得眉飛色舞，面上泛著幸福的微笑。

對於我，那是個很大的衝擊。

因為，N兄與其他人一樣盡情享受了「光之饗宴」的美好，所憑藉的卻不是雙眼，而是視覺以外的感官。那事實刺激我的想像，叫我忍不住猜測，N兄在那裡聽見什麼？聞到什麼？碰觸了什麼？與人有過什麼交流？又經歷了什麼樣的感受？那些體驗真實的程度，想必等同於雙目所見。

那是不靠視覺的「看見」。

為這本書繪製插畫之際，最困擾我的一點，其實就是「看不見」。

透過文字有限的描述，我固然能大略掌握故事脈絡，卻無法真正「看見」書中人物的表情動作。他們穿著什麼質料、何種剪裁的衣服？臉上是否長了鬍子？他們身後的建築物是什麼模樣？附近的花草樹木又是哪些種類？牧羊人以何等姿態守夜？門徒們帶著怎樣的表情聽耶穌說話？十字架下的人們又用什麼樣的肢體語言，來表達內心的哀傷、驚駭、疑惑與傷痛？那些小細節並不影響劇情，文字作者也無須一一詳述；然而，身為插圖繪者，這一切卻是必須對讀者交代的事物。

舉例來說，當我為「猶大以親吻出賣耶穌」一圖打草稿時，光是耶穌雙手的位置就修改了不知多少次，卻總是拿捏不準。好幾個鐘頭的時間，我就只能拿著鉛筆與橡皮擦，反覆折磨可憐的草稿。可是，畫面中的耶穌依然像羅浮宮那尊遺失雙臂的維納斯雕像，雙手怎麼擺放都不自然，真叫人洩氣。

後來，我暫時將畫稿擱置一旁，試圖回到「原點」：反覆閱讀四部福音中的相關敘述。我猜想，那樣的摸索也許有點類似盲眼的N君在「光之饗宴」的經歷，無法靠肉眼「看見」，卻藉著視覺之外的感官與想像，以心體驗，身歷其境。

最後，我畫中的耶穌總算有了雙手。希望是一雙能夠表達溫柔而主動的手，宛若擁抱，帶著愛、寬恕與迎接：「朋友，你來做的事就做吧！」

那樣的表達方式是我的「看見」，不靠視覺的「看見」。

繪製這四十六幅插圖，就好像跟隨耶穌走了一趟又一趟的生命旅程。祈禱中，我試著藉由自己的信仰體驗，描繪所認識、所看見的那位曾經在兩千多年前降生成人的拿撒勒人耶穌。

這本書的作者狄更斯或許也是如此。藉著讀經、藉著信仰生活、藉著真實的生命體驗，他一點一滴地「看見」了那位極可愛的救主耶穌。那個過程想必十分美好，令他不得不寫、不得不講，並催迫著他於每年聖誕節反覆朗誦，渴望與摯愛的兒女們分享。

主耶穌的一生，是歷史上最美好的故事。

唯願我的插圖能為讀者們提供一點點助益。因為，我和狄更斯一樣，渴望你們也能「看見」祂。

國家圖書館出版品預行編目資料

聽狄更斯講耶穌 /查爾斯・狄更斯（Charles Dickens）著；許書寧繪；祁怡瑋譯. -- 初版. -- 臺北市：啓示出版：家庭傳媒城邦分公司發行, 2015.11
面；　公分. -- (Soul系列；46)
譯自：The Life of Our Lord

ISBN 978-986-91873-5-0(軟精裝)

1.耶穌(Jesus Christ)　2.基督教傳記

249.1　　104021874

Soul系列046

聽狄更斯講耶穌

作　　者／查爾斯・狄更斯 Charles Dickens
繪　　者／許書寧
譯　　者／祁怡瑋
企畫選書人／彭之琬
責任編輯／李詠璇

版　　權／吳亭儀
行銷業務／何學文、莊晏青
總 編 輯／彭之琬
發 行 人／何飛鵬
法律顧問／台英國際商務法律事務所羅明通律師
出　　版／啓示出版
台北市104民生東路二段141號9樓
電話：(02) 25007008　傳眞：(02)25007759
E-mail:bwp.service@cite.com.tw
發　　行／英屬蓋曼群島商家庭傳媒股份有限公司 城邦分公司
台北市中山區民生東路二段141號2樓
書虫客服服務專線：02-25007718；25007719
服務時間：週一至週五上午09:30-12:00；下午13:30-17:00
24小時傳眞專線：02-25001990；25001991
劃撥帳號：19863813；戶名：書虫股份有限公司
戶名：英屬蓋曼群島商家庭傳媒股份有限公司城邦分公司
訂購服務／書虫股份有限公司客服專線：（02）2500-7718；2500-7719
服務時間：週一至週五上午09:30-12:00；下午13:30-17:00
24時傳眞專線：（02）2500-1990；2500-1991
劃撥帳號：19863813 戶名：書虫股份有限公司
讀者服務信箱：service@readingclub.com.tw
城邦讀書花園：www.cite.com.tw
香港發行所／城邦（香港）出版集團有限公司
香港灣仔駱克道193號東超商業中心1樓；E-mail：hkcite@biznetvigator.com
電話：(852) 25086231　傳眞：(852) 25789337
馬新發行所／城邦（馬新）出版集團 Cite (M) Sdn. Bhd.
41, Jalan Radin Anum, Bandar Baru Sri Petaling, 57000 Kuala Lumpur, Malaysia.
Tel: (603) 90578822　Fax: (603) 90576622　Email: cite@cite.com.my

封面設計／李東記
排　　版／極翔企業有限公司
印　　刷／韋懋實業有限公司
經 銷 商／聯合發行股份有限公司、華宣出版有限公司

■2015年11月26日初版
■2020年11月 2 日初版4刷
Printed in Taiwan

定價280元

ISBN 978-986-91873-5-0